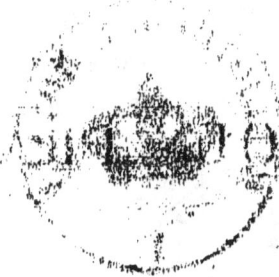

I0152629

CONSÉQUENCES

DU

SYSTÈME DE COUR

ÉTABLI

SOUS FRANÇOIS Ier.

PREMIÉRE LIVRAISON

CONTENANT

L'HISTOIRE POLITIQUE DES GRANDS OFFICES DE LA MAISON
ET COURONNE DE FRANCE; DES DIGNITÉS DE LA COUR,
ET PARTICULIÈREMENT DES MARQUIS, ET DU SYSTÈME
NOBILIAIRE DEPUIS FRANÇOIS PREMIER.

PAR P.-L. ROEDERER.

PARIS,

HECTOR BOSSANGE, LIBRAIRÈ,
QUAI VOLTAIRE, Nº 11.
LIBRAIRIE DES ÉTRANGERS,
RUE NEUVE-SAINT-AUGUSTIN, Nº 55.

AOUT 1830.

CONSÉQUENCES

DU

SYSTÈME DE COUR

ÉTABLI

SOUS FRANÇOIS Iᵉʳ.

INTRODUCTION.

On répète souvent cette conclusion du jugement porté par Anquetil sur François Iᵉʳ : « *Ses
défauts n'ont affligé que son siècle, et nous jouissons
des fruits de ses bonnes qualités.* »

Anquetil et la plupart de ses lecteurs se sont
persuadé que cette conclusion caractérisait un
règne dont la probité interdit l'éloge, et pour lequel néanmoins la sévérité paraît difficile, ne fût-ce
que par le défaut d'exemples qui y disposent.

On se flatte bonnement de satisfaire la justice,
en avouant d'abord que ce règne a été une calamité pour la partie du seizième siècle à laquelle
il s'étend, et en avançant ensuite qu'il a jeté dans
la nation des semences de bien dont les siècles

suivants ont opéré le développement, et auxquelles nous devons aujourd'hui de douces et nobles jouissances.

Quand j'ai parlé de cette opinion à la fin de mon
Mémoire concernant François Iᵉʳ, j'ai craint d'en
trop dire; je vois, par les observations qui m'ont
été faites, que je n'ai point dit assez, et je reprends
la récapitulation de quelques parties de ce règne.

Quels furent donc les défauts et les bonnes qualités de François Iᵉʳ, quelles furent les calamités
dont ses défauts affligèrent son siècle, et quelles
sont les jouissances que nous devons à ses bonnes
qualités?

« Ce prince, dit Anquetil, était *indiscret jusqu'à
l'imprudence, léger, imprévoyant.* Il fit des femmes
de sa cour des objets de scandale. Il avait l'amour
du luxe et des plaisirs : voilà ses défauts. *Les fêtes,
les spectacles, le faste de sa cour lui coûtaient autant
que la guerre;* ses guerres et ses négociations *furent toutes aussi malheureuses les unes que les autres :* voilà ses fautes. « En revanche, dit toujours
Anquetil, il était *affable, éloquent, loyal;* il aimait
les sciences; il affectionnait et honorait les savants;
il avait des mœurs douces et polies : telles furent
ses bonnes qualités. La politesse de sa cour, à
laquelle nous devons la douceur et l'élégance de
mœurs qui fixent sur la France les regards char-
més des étrangers; la restauration des lettres, l'essor
qu'elles ont pris, la hauteur où notre littérature
s'est élevée et se soutient depuis près de deux

siècles : tels sont, selon Anquetil, les heureux fruits de ses bonnes qualités, dont nous jouissons. »

Indiscret, léger, imprévoyant, fastueux, galant, dépensier, que tout cela ne s'appelle que des *défauts* dans un roi, j'y consens ; que toutes les disgrâces méritées d'un négociateur décrié et les revers d'un guerrier présomptueux et malhabile, s'appellent des *fautes*, quand il s'agit d'un roi, j'y souscris encore, pourvu que cette indulgence ne passe pas dans la morale publique.

Mais pourquoi Anquetil oublie-t-il dans son résumé la crapule qui souilla la vie privée de son héros, ses manques de foi, ses habitudes despotiques, son esprit persécuteur, sa cruauté dans la tyrannie? Sont-ce là de simples défauts, ne sont-ce pas des vices? Pourquoi l'auteur oublie-t-il le mépris des lois de l'état, si bien prouvé par la dégradation des corps politiques et judiciaires; les entreprises sur la propriété par l'impôt arbitraire, par l'envahissement du trésor public; l'oppression des consciences par les persécutions religieuses, par des condamnations capitales arbitrairement prononcées, par des violences directes personnellement exercées, par la férocité inouïe d'exécutions ordonnées contre des innocents? Sont-ce là des fautes ou des crimes? La raison, la justice, la morale, permettent-elles de pallier les vices sous le nom mitigé de défauts, et d'adoucir l'horreur du crime, par la simple qualification de fautes?

Des bonnes qualités qu'il plaît à l'auteur d'attribuer à François Iᵉʳ, plusieurs lui ont été absolument étrangères, notamment la loyauté et la franchise : il a même été atteint des vices opposés. Fut-il franc et loyal quand il éluda le combat singulier que lui-même avait proposé à Charles-Quint[1]? L'était-il, quand, en présence de seigneurs italiens avec qui il avait fait un traité, il molesta et humilia le parlement qui en refusait la vérification, et ensuite encouragea secrètement l'opposition des magistrats, les priant de prendre sur eux *l'odieux d'un refus qu'il ne fallait pas*, disait-il, *qu'on lui imputât?* L'était-il, quand il sacrifia à Léon X les petites puissances de l'Italie, à qui il devait en grande partie la conquête du Milanais? L'était-il, quand il faisait assurer aux protestants réunis à Smalcalde qu'il n'avait jamais fait brûler de protestants d'Allemagne, parmi les hérétiques dont le supplice avait épouvanté le monde?

Au lieu d'avoir affectionné et honoré les savants, il en a été le persécuteur ; au lieu d'avoir favorisé cet essor des esprits qui fait depuis près de deux

---

[1] Le duc de Wellington a dans sa possession une cassette qui renferme en original l'opinion de tous les grands et illustres guerriers de l'Europe entière, consultés par Charles-Quint sur celle de François Iᵉʳ dans cette affaire. Je tiens d'un officier général attaché au duc de Wellington, et qui a lu tous ces écrits, que le sentiment unanime des personnages consultés s'accorde avec l'opinion que j'ai exprimée à ce sujet dans mon Mémoire.

siècles la principale gloire de la France, il l'a re-
tardé, non seulement par la tyrannie qu'il a exercée
sur tous les hommes de son temps qui étaient
dignes du nom d'hommes de lettres, mais aussi
par la protection exclusive qu'il a donnée aux écoles
infectées de la scolastique : long et puissant obs-
tacle aux progrès de la raison humaine, qui n'a
cédé que long-temps après, à la *Méthode* introduite
par le génie de Descartes, heureusement plus puissant que les traditions de François Ier.

La douceur et la politesse des mœurs datent en
France de la régence d'Anne de Beaujeu, après
la mort de Louis XI, et du mariage d'Anne de
Bretagne avec Louis XII. La pureté et la décence
des mœurs étaient jointes alors à leur aménité, et
cette union en faisait l'élégance. François Ier en
retrancha la décence et la pureté ; il y substitua la
corruption et l'effronterie ; et nous a transmis,
sous le titre de douceur de mœurs, le dégagement
de toute pudeur, et sous le nom d'élégance, la
galanterie qui s'est approprié tous les vices et a
renversé la morale : vérité affligeante que je tâ-
cherai de mettre en évidence.

Est-il surprenant, après un résumé aussi peu
exact des traits caractéristiques de François Ier,
de voir Anquetil conclure, comme il fait, que *ses
défauts n'ont affligé que son siècle ?*

Ah ! n'eussent-ils affligé que son siècle, si l'on
remarque comment et à quel point ils l'ont affligé,
pourra-t-on lui tenir compte de quelques qualités

agréables, mais futiles, qui sont assez mal constatées, et par lesquelles il a, dit-on, contribué à nos jouissances actuelles, qui toutefois ne pouvaient nous échapper?

Que son siècle! Quelle légèreté, je dirais volontiers quelle inhumanité dans cette expression! C'est dans le siècle de François Ier, durant son règne, à la suite de son règne, que quarante années de guerres civiles ont affligé la France; qu'on a vu les exécutions de l'Estrapade, les massacres de Cabrières et de Mérindol, de Vassi, d'Amboise, de la Saint-Barthélemi; l'assassinat de François de Guise, de l'amiral de Coligni, de Henri de Guise; l'empoisonnement de François II, l'assassinat de Henri III, auquel on pourrait ajouter celui de Henri IV arrivé au commencement du siècle suivant par suite des mêmes causes. Tous ces évènements, inévitables effets des désordres du clergé résultant eux-mêmes du concordat; ces évènements, causés par la violence du parti qui voulait la réforme, et par la résistance du clergé et de la cour, qui s'y opposaient; toute cette longue chaîne de calamités, dont le premier anneau est scellé dans la cour de François Ier, ne s'étend-elle pas assez durement sur la seconde partie du seizième siècle, pour que cette période ne soit pas regardée comme si courte par les historiens, ayant paru si longue à la souffrance des peuples!

Mais peut-on croire que les *défauts* de François Ier n'aient *affligé que son siècle,* quand on voit

s'ouvrir sous son règne, sous ceux de son fils et de
ses petits-fils, tous dirigés par Catherine de Médicis, sa bru chérie, son élève et son admiratrice,
les sources profondes des plus longues calamités
qui puissent dégrader et tourmenter les peuples ;
quand on voit l'irruption du pouvoir absolu sur
la propriété, sur la liberté civile et politique, le
déchaînement du fanatisme et de la persécution
sur les opinions religieuses, enfin le débordement
des vices d'une cour corrompue sur les mœurs
nationales.

Les règnes des quatre derniers Valois furent-
ils autre chose que la continuation du règne de
François Ier? ils héritèrent de sa cour, et, par cette
raison, de ses mœurs, de son caractère. Héritiers
de sa cour, de ses mœurs et de son caractère, ils
le furent aussi de ses lois, de ses traditions, de ses
exemples. Ses mœurs, son caractère, ses lois, ses
traditions acquirent un développement funeste à
mesure que la difficulté et la gravité toujours
croissantes des circonstances provoquèrent leurs
passions et leur pouvoir. Ce qu'ils ont fait dans
leurs positions diverses, c'est ce qu'il eût fait lui-
même; tous leurs actes sont des effets des mêmes
causes agissant dans d'autres circonstances, des
conséquences des mêmes principes appliqués à des
cas différents.

L'exil des protestants, leur dispersion dans toute
l'Europe sous le règne de Louis XIV, les dragon-
nades, le massacre des Cévennes, n'ont-ils pas été

le complément des proscriptions signalées sous
François Ier par les supplices de l'Estrapade, les
massacres de Cabrières et de Mérindol : hautes
œuvres du monarque poli, affable, éloquent et
loyal, à qui nous devons la douceur de nos mœurs
et la politesse de nos esprits ? Louis XIV et Louis XV
créant des impôts sans le consentement des peuples exprimé dans une assemblée d'états-généraux;
Louis XIV allant au parlement de Paris, en bottes
et le fouet à la main, pour faire enregistrer en sa
présence ses lois spoliatrices; Louis XV faisant
investir de troupes toutes les cours du royaume
pour l'enregistrement des siennes, faisant arra-
cher du sanctuaire de la justice, par ses satellites,
les magistrats qui résistent au pouvoir arbitraire,
n'ont-ils pas été les continuateurs du prince poli,
affable, qui osa menacer les magistrats, chargés de
lui porter à Amboise les remontrances du parlement contre le concordat, de les faire jeter pour six
mois *dans un cul de basse-fosse*, s'ils ne retournaient
incessamment à Paris, nonobstant le débordement
de la Loire qui leur en fermait le chemin ?

Les lettres de cachet qui, sous Louis XV, me-
naçaient toutes les têtes, ne paraissent-elles pas
à peu près irréprochables quand on les compare
à ces lettres de *sauvegarde* que François Ier donnait aux femmes infidèles contre l'autorité de leurs
maris, et qui imposaient à ces maris la patience du
plus indigne outrage?

La longue spoliation du trésor public en vertu

de simples ordonnances signées du roi, sans désignation de l'emploi des fonds ; cette spoliation tournée en habitude sous les règnes de Louis XIV et de Louis XV ; le scandale des profusions qui en étaient le principe et la conséquence, et enfin l'insuffisance des recettes publiques, reconnue en 1789, pour subvenir aux charges accumulées sur l'état par ces profusions ; tout cela ne procède-t-il pas de deux abus introduits par François Iᵉʳ : la confusion du trésor public avec le trésor du prince, dont jusque là il avait été au moins distinct après en avoir été totalement séparé, et la disposition arbitraire de l'un et de l'autre ?

Les commissions arbitrairement nommées sous les règnes de Louis XIII, de Louis XIV et de Louis XV, soit pour absoudre des coupables que les tribunaux auraient punis, soit pour condamner des innocents qu'ils auraient absous, ne procèdent-elles pas de celles qui, durant le règne de François Iᵉʳ, jugèrent le surintendant Semblançay, le connétable de Bourbon, l'amiral Brion, le chancelier Poyet, Montecuccoli[1], et tant d'autres ? Ne sont-elles pas des conséquences du système qui sous ce règne travestit les tribunaux mêmes en espèces de commissions, en y introduisant des magistrats auxquels le choix du roi tenait lieu des

---

[1] Dans mon mémoire sur François Iᵉʳ, où j'ai écrit le nom de ce malheureux d'après les historiens, je l'ai nommé *Montecucullo* ; son véritable nom est *Montecuccoli*.

élections et des examens si religieusement consacrés par Louis XII, le père du peuple.

La corruption du haut clergé durant les dix-
septième et dix-huitième siècles, la résidence habituelle des cardinaux, des évêques et archevêques
à la cour ou dans la capitale, le délaissement des
diocèses confiés à leurs soins, la licence de leurs
mœurs, l'effronterie de leur luxe favorisé par la
pluralité des bénéfices : tous ces scandales, que
nous avons vus portés au dernier excès depuis les
derniers Valois jusqu'en 1789 presque sans inter-
ruption, ne procèdent-ils pas et de l'abolition des
élections ecclésiastiques opérée par le concordat
de François Ier avec Léon X, et de la composition
de cette cour de France où Charles-Quint s'étonnait
de voir, parmi tant de femmes, tant d'hommes
d'église ?

Enfin les mœurs nationales avant la révolution,
celles des règnes précédents, ne sont-elles pas la
suite de celles de la cour de François Ier ? Les nôtres
même aujourd'hui n'en portent-elles pas encore
l'empreinte ? Si, jusqu'à la révolution, nous avons
vu l'esprit de famille devenu étranger à toute la
partie riche de la nation, et comme anéanti pour
elle, par l'esprit de galanterie et par l'incontinence publique ; si nous avons vu l'adultère hautement avoué, on peut dire même en honneur ;
les pères en doute des droits de leurs enfants à
leur tendresse et à leurs soins, craignant le ridicule attaché aux méprises entre leurs enfants et

les enfants de leurs femmes que l'opinion sans
pudeur distinguait des leurs, se faisant un principe de la dérision de tous les principes, cherchant,
trouvant de solides raisons pour autoriser la légèreté des sentiments, la vanité des habitudes : à
quelles causes attribuer cette subversion des principes fondamentaux de la société, si ce n'est à
l'exemple de la cour depuis François Ier? Les vertus
privées de Louis XVI ne préservèrent pas la sienne
de la licence que le règne de Louis XV y avait
comme fondée; et qui pourrait dire que les maîtresses de Louis XV ne furent pas autorisées par
celles de Louis XIV, celles de Louis XIV par celles
de Henri IV, celles-ci par les maîtresses des quatre
derniers Valois, et ces dernières enfin par celles
de François Ier, au-delà duquel on ne trouve pas,
dans l'histoire des rois de la troisième race, le scandale de maîtresses avouées et placées au premier
rang à la cour [1]? Les Du Barry, les Pompadour, les
La Vallière, les Fontanges, les Montespan, les
marquise de Verneuil, les duchesse de Beaufort,

---

[1] La Cassinel, maîtresse du dauphin, fils de Charles II, Agnès
Sorel, maîtresse de Charles VII, n'avaient point de rang à la
cour; leur désordre était connu, mais n'était pas honoré, et
par cette raison n'avait point d'influence sur les mœurs générales. Isabelle de Bavière, femme de Charles VI, était une
dévergondée; mais elle était traitée comme telle; le peuple
l'appelait la *grande gaure*: preuve du mépris attaché de son
temps à l'incontinence. Remarquez d'ailleurs que ces femmes
sont de plus d'un siècle antérieures à François Ier, et que du-

et tant d'autres rivales de nos reines, n'eurent-elles
pas pour patronnes et pour modèles la duchesse
d'Étampes, la comtesse de Châteaubriand et Diane
de Poitiers, ces fameuses maîtresses de François Ier,
dont la dernière fut aussi, et sous ses yeux, la
maîtresse de Henri II son fils ?

Ce fut à l'exemple des rois que les grands, depuis
François Ier, eurent hautement des maîtresses, des
petites maisons, et mirent le mépris des engage-
ments légitimes tellement à la mode, qu'à la fin du
règne de Louis XV, il n'y avait bourgeois un peu
aisé qui ne rougît de donner le bras à sa femme
en public, ni si petite bourgeoise un peu agréable
qui ne rougît de se laisser voir sans un amant :
dépravation qui ensuite alla au point de ne pas
permettre même d'*aimer sa maîtresse*[1].

La révolution a mis fin à plusieurs de ces désordres, et nous aimons à penser que rien n'en
retrace aujourd'hui les plus graves. Cependant il
ne faut pas se flatter que toutes les traditions des
mœurs anciennes soient complètement effacées.

rant les règnes qui précédèrent immédiatement le sien, je parle
des règnes de Louis XI, de Charles VIII et Louis XII, on ne
vit point de *maîtresses* disputer, même dans la vie domestique, le cœur des princes aux épouses légitimes.

[1] « Il y a déjà long-temps, écrivait en 1778 un Anglais à
milord C***, qu'il n'était plus permis à Paris qu'aux bourgeois
d'aimer leurs femmes. Les règles du bel air sont devenues plus
sévères : *elles ne permettent pas même aujourd'hui d'aimer sa
maîtresse*. » Lettr. de Le Blanc, t. I, p. 375.

Si la nation manque toujours de cet esprit mâle qui donne la sûreté, la force, la persévérance nécessaire dans les affaires publiques; l'activité, la constance, l'économie, la modération, qui seules assurent les succès des entreprises particulières; si elle manque, même dans les classes élevées, de cet orgueil qui dédaigne les petites gloires, les petits honneurs, les petites réussites, les petits plaisirs; si quelque chose d'efféminé perce toujours dans un Français; enfin si nos mœurs politiques sont molles et presque lâches, nos mœurs sociales toujours vaines, nos mœurs domestiques toujours légères et par leur légèreté souvent cruelles : c'est l'inévitable fruit de cette galanterie qui, devenue depuis François Ier le caractère national, donne, comme le dit Montesquieu, du prix à tous les riens, l'ôte aux choses importantes, et produit l'oisiveté, le luxe et l'intempérance.

Le nom respecté de Henri IV se rencontre parmi ceux des princes qui ont propagé le scandale des maîtresses déclarées, depuis François Ier. Ne glissons pas sur un reproche si grave avec la légèreté de quelques fades historiens, qui ne voient qu'une innocente galanterie dans la conduite de ce prince. Sa cour n'a-t-elle pas été infectée de l'incontinence des derniers Valois? la dissolution de ce prince n'a-t-elle pas contribué plus que son culte à la longue résistance opposée par une partie de la France à sa légitime autorité? n'a-t-elle pas fortifié les oppositions de la ligue, accrédité ses prétextes, et enfin la catastrophe qui a terminé la vie de ce roi malheureux, n'a-t-elle pas été le triste résultat de la folle et criminelle passion où le jeta sa longue habitude de plaisirs désordonnés[1]? Et la mort prématurée de Henri IV est-elle la dernière catastrophe qui puisse être imputée aux traditions de François Ier? Qui osera affirmer que tous les souvenirs accumulés en 1789 dans l'esprit de la nation ne furent pour rien dans son indignation, lorsque Louis XVI lui demanda de nouveaux sacrifices pour couvrir des abus invétérés dont il ne lui avait pas été donné d'arrêter le cours; et n'est-ce pas à cette indignation que doit être imputé l'évènement qui a terni et attristé la fin du dix-huitième siècle?

En ramenant la proposition d'Anquetil à ses éléments positifs, on peut la traduire ainsi :

Les défauts de François Ier n'ont produit que le débordement des mœurs nationales, le mépris des droits et des garanties politiques, l'envahissement de la fortune publique, l'intolérance et la persécution en matières religieuses, quatre grands mas-

---

[1] « La galanterie avait commencé à la cour sous le règne de François Ier; elle fut bientôt suivie de la débauche sous Henri II (ajoutez la crapule sous Henri III). Une foule de vices avaient suivi en France Catherine de Médicis; et quoique la cour de Henri IV fût moins corrompue que celle des rois précédents, elle était encore remplie de beaucoup de désordres. » (Duclos, Histoire de madame de Luz, anedocte du règne de Henri IV.)

sacres, une guerre intestine de quarante années, l'assassinat de plusieurs grands personnages, la mort violente de quatre rois.

En compensation, les bonnes qualités du monarque nous ont donné la splendeur de la cour de France, la légèreté et l'aménité qui sont les trompeurs attributs de la galanterie.

OBJET DU MÉMOIRE.

Une des causes qui ont empêché les lecteurs irréfléchis de rapporter à François Ier des catastrophes qui sous les règnes postérieurs ont été des conséquences du sien, c'est qu'elles n'y sont pas étroitement enchaînées, c'est qu'elles ne procèdent pas immédiatement les unes des autres, c'est que leur filiation, pour être évidente, a besoin d'une indication qu'aucun historien n'a donnée, celle des longs développements qu'ont reçus après François Ier les traditions et les institutions morales et politiques de son temps, développements qui en ont été les conséquences permanentes, et se sont placées entre son déplorable règne et les évènements qui en ont été les résultats. De ses institutions sont nées d'autres institutions; de ses traditions, d'autres traditions; de ses mœurs, d'autres mœurs; et tous ces développements progressifs, travaillant à la fois avec le temps qui les opérait et avec les principes originaires, ont précédé, précipité, aggravé les catastrophes, et sont le lien qui les unissent au règne de François Ier.

Je ne me propose pas d'écrire l'histoire encore intacte des seizième, dix-septième et dix-huitième siècles; ainsi, je n'entreprends pas de montrer comment jouèrent ou plutôt travaillèrent dans les évènements qu'on est convenu de qualifier seuls d'*historiques*, les traditions et les institutions de François Ier et les développements successifs qu'elles reçurent elles-mêmes ; je ne m'occuperai pas de montrer la génération des évènements par les causes morales et politiques, celle des causes morales et politiques par les évènements : cette tâche est au-dessus de mes forces ; elle est réservée à quel-qu'un de ces esprits vigoureux qui se font déjà re-marquer et qui n'attendent que la maturité.

Je me borne donc à établir dans ce Mémoire deux propositions : la première, que de l'exis-tence de la cour de François Ier datent les mœurs dont la France était infectée avant la révolution ; la seconde, que de l'organisation de cette cour et de ces mœurs date un nouveau système de gou-vernement dont la France n'a été délivrée que par cette même révolution, et dont une grande partie de l'Europe est encore travaillée : je parle du système de gouverner l'état par la cour, c'est-à-dire les intérêts publics selon les intérêts de cour, par les gens de cour et leurs affiliés, par les mœurs de cour, par l'esprit de cour, par l'expan-sion de ces mœurs et de cet esprit jusque dans les dernières classes de la nation.

J'ai cru reconnaître, dans l'organisation de la cour de François Ier, non seulement une institution politique bien caractérisée, mais aussi le principe de plusieurs autres institutions qui ont eu lieu à la suite et dont l'ensemble eût été assez fort pour assurer le pouvoir absolu, s'il n'était de la nature

III. 2

de ce pouvoir ou de s'abandonner à des favoris qui le trahissent, ou d'irriter la servitude par ses excès, et de la provoquer à sa délivrance.

Je voudrais montrer la formation et la puissance de cette machine, ainsi que l'influence qu'elle a exercée sur le sort de la nation française. Y réussirai-je? Je ne sais ; mais j'espère du moins faire remarquer que l'histoire politique de la cour de France n'est pas moins liée à celle du gouvernement de l'état qu'à celle des mœurs, et que la cour de François Iᵉʳ fait époque dans l'histoire politique de la France comme dans son histoire morale.

Je me sens obligé, par la nouveauté de mes observations, de les appuyer sur des preuves solides : pour cet effet, il est nécessaire que je commence par tracer le système de *cour* et de *maison* qui existait en France lorsque François Iᵉʳ est monté sur le trône. J'invite le lecteur à ne pas confondre trois choses qui se tiennent mais sont très distinctes : la cour, la maison du roi, la maison et couronne de France.

CE QU'ÉTAIT LA COUR DE FRANCE

AVANT FRANÇOIS Iᵉʳ.

PREMIÈRE RACE.

Ce que nous appelons les premiers rois de la première race n'étaient que les chefs d'une armée, les ducs (*duces, ductores*) des premiers Francs qui sont entrés dans la Gaule. C'étaient des guerriers d'élite, chargés de commander une expédition d'émigrants, une invasion de territoire étranger : *duces ex virtute.* A quoi eussent servi des rois dans une pareille entreprise, des rois de race noble, semblables à ceux qui ont été remarqués par Tacite en Germanie, *reges nobilitate sumpti ?* Il n'y a rien à régir, rien à gouverner dans des camps d'aventuriers. Il n'y a pas lieu à la royauté, là où l'on ne trouve ni à quoi l'occuper, ni sur quoi l'asseoir, ni surtout avec quoi la payer. On ne conçoit sous nos premiers Francs d'autre autorité que le commandement militaire et une certaine police d'armée.

Mais à mesure que les Francs s'avancèrent dans les contrées situées en-deçà du Rhin, il y eut du butin, du bétail, des terres à partager, des droits à régler, des différents à décider. Alors il fallut une autorité civile, une magistrature, qui eût la force commune à sa disposition pour faire pré-

2.

valoir les règles sur les oppositions et sur les ré-
sistances particulières. Le duc s'en trouva naturellement investi, car à mesure que les Francs
s'établissaient et que l'armée se colonisait, l'autorité du duc, comme chef d'entreprise guerrière,
avait plus de repos ; quand les Francs s'arrêtaient,
le commandement militaire n'avait rien à faire;
le duc pouvait donc exercer le pouvoir civil, et
il l'exerça. Ayant essayé le gouvernement à la
suite du commandement, il revint, suivant les circonstances, au commandement à la suite du gouvernement. Après les avoir exercés successivement
et alternativement, il les exerça concurremment, tantôt plus roi que duc, tantôt plus duc que roi,
mais toujours l'un et l'autre, et l'un par l'autre.

L'intérêt commun et la nature des choses ayant
donné au gouvernement la suprématie sur le commandement, aux fonctions du roi l'autorité sur
celle du duc, l'expérience fit remarquer que la
royauté était une fonction permanente, et le
commandement ducal une fonction accidentelle,
qui devait perdre de son action et de son importance par ses succès mêmes, par ses victoires et
les conquêtes qui en étaient le fruit. Les souvenirs
de la Germanie rappelèrent que la royauté était
à vie, qu'elle se donnait à des hommes d'un sang
privilégié, qu'elle était presque héréditaire. Bientôt le duc-roi ou le roi-duc préféra celui de ses
titres qui était attaché à la fonction permanente,
prédominante, et qui, bien qu'élective, formait

un patrimoine de famille, parceque l'élection n'avait à choisir qu'entre des nobles, et n'exigeait pas, comme le commandement militaire, un mérite personnel; *reges ex nobilitate*, *duces ex virtute*. Il était naturel de préférer le titre de roi qui n'excluait pas le titre de duc, parceque la noblesse n'excluait pas la valeur, au titre de duc qui ne donnait pas la nobilité royale à ceux qui ne l'avaient pas reçue avec la vie.

Dès lors se forma autour du roi une espèce de cour; elle était composée des guerriers les plus énergiques et les plus sages de ceux dont le conseil et le concours étaient nécessaires pour étendre la conquête ou la gouverner. Ne cherchez point là de propriétaires, de seigneurs, de grands, introduits par des généalogistes; n'y cherchez point de courtisans, d'hommes exercés à l'art de plaire, d'adorateurs : ce sont des égaux, des compagnons affectionnés, et dévoués à un même intérêt. Ils combattent, ils jugent, ils ordonnent avec le roi; ils voyagent, ils se promènent avec lui; ils chassent avec lui le bœuf sauvage; enfin ils dînent à sa table. Voilà la cour d'un duc-roi des Francs avant Clovis.

Dîner avec le roi était l'acte qui constituait un grand de la cour, comme depuis *monter dans les carrosses*. *Conviva regis* était le titre de sa grandeur. La loi salique, cette expression si naïve des mœurs des Francs, ce monument si curieux, si instructif, si négligemment étudié, et qui dé-

ment tant de fables imprimées concernant l'histoire des commencements de la première race,
reconnaît dans le *convive du roi* un grand de la nation, et lui attribue des prérogatives éminentes [1].
A l'époque de la troisième rédaction de la loi salique, le titre de *conviva regis* s'étendit aux simples commensaux de sa maison.

Les rois, parcequ'ils avaient des amis qui formaient autour d'eux une cour libre et volontaire,
avaient besoin d'une maison, c'est-à-dire d'officiers
domestiques qui pourvussent à la table, au logement ; ils en avaient besoin aussi pour que les
soins de leur propre personne ne les détour-
nassent pas des soins qu'ils donnaient à l'intérêt
commun. Mais un petit nombre d'officiers suffisait à leurs besoins : un maréchal des logis, un
maître-d'hôtel, un chambrier, un veneur, voilà
tout ce qu'il fallait. De quels hommes se composait cette maison du prince ? d'une partie de ses
compagnons même, d'officiers que l'intérêt commun et quelque prédilection de sa part fixaient
près de sa personne, et qui ajoutaient volontiers
à leur service militaire un service domestique et
civil. La *maison* était une petite portion de la noble
cour de ces guerriers libres et fiers avec qui seuls
le monarque pouvait se plaire, dont les hommages

---

[1] Si romanus homo *conviva regis* occisus fuerit, solidis CCC
componatur (art. 6, tit. X, l. IV). Cette amende était le double de celle qui punissait le meurtre d'un simple particulier
romain.

pouvaient seuls le flatter. C'était une poignée d'hommes de la nation appliqués au service de sa personne, c'étaient des intermédiaires placés entre celui qui portait la couronne et ceux qui l'avaient donnée, et institués afin de rendre à ceux-ci l'accès du prince facile et sa maison agréable. Il n'y avait de maison que parcequ'il y avait une cour, et pour le service de cette cour d'autant plus digne d'égards qu'elle n'était pas composée de courtisans. Ce n'était pas comme depuis où, pour former une cour, l'on a fait des maisons, et où, pour avoir des courtisans, on a fait de magnifiques valets.

De *maison militaire*, il ne pouvait en être question. La garde du roi, c'était l'armée même.

Nous avons vu de nos jours une cour et une maison ainsi formées dans leur principe. C'est avec des hommes et non avec des courtisans que commencent les dynasties; c'est avec des courtisans et des valets qu'elles tombent et s'anéantissent.

Après que Clovis se fut établi dans les Gaules, la cour et la maison du roi prirent un autre caractère.

La royauté, qui d'abord n'avait été qu'une place secondaire, ou un accessoire du commandement militaire, devint une magistrature de suprême importance et bientôt d'éminente dignité. Alors on parla des droits de la *couronne* et de ses devoirs; alors il fallut des officiers de la *couronne*, des officiers à qui le roi déléguât l'exercice de l'autorité : il lui en fallait pour l'exercer dans les provinces éloignées de lui, et pour l'exercer près de lui dans les détails au-dessous de lui.

Les officiers de la *maison* devinrent officiers de la *maison et couronne*, et on en ajouta d'autres pour le gouvernement des contrées éloignées de la cour.

Le chambrier du roi (*cubicularius*), officier qu'il ne faut pas confondre avec le chambellan (*camerarius*), devint le chef des finances, en continuant son service de chambrier.

Le chef des écuries devint le comte de l'étable avec juridiction sur ses subordonnés; de plus, il suppléait, pour le commandement des armées, le maire du palais, dont il va être question.

Le chef de la maison du roi devint comte du palais avec juridiction sur les personnes du palais.

On donna des comtes aux villes du royaume; c'étaient des magistrats qui jugeaient les contestations en temps de paix, et commandaient les habitants en temps de guerre.

On donna des ducs aux provinces pour recevoir les appels des jugements des comtes, et commander en guerre les hommes des villes et des campagnes.

On fit un grand référendaire pour rapporter au roi les affaires générales et mettre le sceau à ses volontés.

Enfin on donna un duc aux ducs, et un chef à tous les officiers de la maison du roi, sous le titre de *maire du palais* [1]. Ce duc avait, outre le suprême

___
[1] Du Tillet.

commandement des armées, la surintendance des domaines royaux[1] sur lesquels se prenait la récompense des services militaires; il était chargé de la distribution des fiefs et bénéfices; enfin il ordonnait tout ce qui regardait la sûreté du palais.

Qui déjà ne voit ici la *cour* du roi changer de face et de nature, d'abord par l'établissement des fortunes particulières, par l'indépendance des nouveaux propriétaires qui se sont formés; en second lieu par la formation d'officiers de la *couronne*, dont les membres se partagent l'autorité, et dont chacun reconnaît l'autorité supérieure d'un maire du palais placé entre le prince et eux? Qui ne voit les officiers de la couronne dédaigner la fonction d'officiers de la maison, les hommes d'état négliger le service de la domesticité? Qui déjà ne prévoit le prochain délaissement du trône par ceux qui devaient en être les soutiens? Ajoutez ce que nous apprennent Favin et Du Tillet, d'après les monuments, que tous les officiers de la couronne, sous la première race, avaient à ce titre rang, séance et voix aux assemblées nationales[2]; ajoutez encore que les officiers, au moins le maire du palais, duc des ducs, étaient électifs[3]; ajoutez aussi que les

---

[1] Esprit des Lois, liv. XXXI.

[2] Les états, dit Favin, ne se pouvaient tenir sans eux. (Des officiers de la couronne de France, pag. 7.)

[3] Il est très présumable que tous les officiers de la couronne étaient électifs, *ex virtute*, sous la première race. On voit

grands offices, qui d'abord n'avaient été donnés
que pour un an, furent donnés pour la vie vers la
fin de la première race [1]. Enfin dites clairement des
offices de cour cette vérité, qui, l'on ne sait pourquoi, n'a pas été articulée par Montesquieu, qu'ils
finirent par être donnés *en fief*, *à vie*, comme les
offices de ducs et de comtes dans les provinces,
avec des sujets, avec juridiction sur ces sujets [2],
quelques uns même avec des terres.

Les officiers de la maison devenus officiers de
la couronne étaient réellement des officiers de la
nation, non pour faire partie de la cour du roi,
ni pour former une cour au roi, mais pour servir,
près du trône, de garanties contre le roi et contre
sa cour.

Le résultat de ce système, qui était national, fut d'élever le duc des ducs, le duc électif, à la place du roi héréditaire, et de changer la
dynastie. Ce n'était point une révolution, c'était
au contraire une conséquence du système établi
par la nation, et de l'inclination naturelle qui la
portait constamment à reconnaître pour chef son
duc plutôt que son roi ou régisseur. Cette inclination devint une volonté, dès que l'indolence des rois
eut laissé à d'autres le commandement des armées.

dans Du Tillet qu'ils l'étaient sous la troisième jusqu'à François Ier.
[1] Esprit des Lois, liv. III, chap. VI et VII.
[2] Voyez la *note* qui suit ce chapitre.

NOTE.

Tous les offices de cour et autres furent dans l'origine donnés pour un an; mais dès l'origine aussi se fit sentir la force de la possession, sa tendance à l'*appropriation*, je veux dire à sa conversion, à sa transformation en droit de propriété incommutable. La possession tire sa force de l'habitude qui souffre impatiemment la contrariété et y résiste. L'habitude de posséder un grand pouvoir ou une grande fortune embrasse une foule d'autres habitudes qui constituent l'existence. Les hommes qui ont vécu quelque temps dans le pouvoir ou la richesse, ne peuvent être subitement privés des douceurs que ces avantages mêlent à tous les détails de leur vie, sans éprouver un sentiment pénible. Les enfants élevés dans les jouissances des pères ne sont pas moins malheureux, si sa mort vient à les leur ravir toutes à la fois. De là est venue la prescription dans le droit; de là est venue la perpétuité de fait et l'hérédité des emplois. «D'abord, dit Montesquieu[1], » les comtes n'étaient envoyés dans leurs districts que » pour un an. Bientôt ils achetèrent la continuation de » leurs offices; on en trouve un exemple dès le règne des » petits-enfants de Clovis. Un certain Peonius était comte » dans la ville d'Auxerre; il envoya son fils Mummolus » porter de l'argent à Gontran pour être continué dans » son emploi. Le fils donna l'argent pour lui-même, » et obtint la place du père. Les rois avaient déjà commencé à corrompre leurs propres grâces. »

La même chose arriva pour la possession des bénéfices territoriaux ou *fiefs*. «On en continua la possession

---

[1] Esprit des Lois, liv. XXXI, chap. 1.

pour de l'argent [1].... Lorsqu'une révocation ou une ré-
version avait lieu, on se plaignait de ce qu'on était privé,
par caprice ou par de mauvaises voies, de choses que
souvent on avait acquises de même [2]. Les cruautés
inouïes qui furent exercées par l'armée sur Brunehaud
n'eurent d'autre motif que les atteintes portées aux posses-
sions des leudes et grands officiers, et son consentement
à ce que Protaire, son favori ou son ministre, réunît au
fisc et au domaine les bénéfices et les offices qui devaient
y rentrer. « Les seigneurs, dit Montesquieu, se crurent
perdus, et ils la perdirent. »

Warnachaire, maire du palais de Bourgogne, qui avait
conjuré avec Clotaire contre Brunehaud, exigea pour
récompense que ce prince lui fît le serment de le laisser
dans sa place *toute sa vie*. Quelque temps après le supplice de Brunehaud, ce prince confirma par une constitution tous les *dons* faits ou confirmés par les rois ses
prédécesseurs, et ordonna que tout ce qui avait été ôté
à ses leudes ou fidèles leur fût rendu [3].

Le maire du palais avait le commandement de l'armée;
s'il ne l'avait pas eu de droit, il l'aurait tenu implicite-
ment de la nature même de ses fonctions de surintendant
du palais, de préposé au gouvernement économique des
maisons royales. Bornés d'abord au gouvernement économique des domaines, les maires du palais parvinrent
à faire la distribution des fiefs : alors l'armée fut à eux:
eux seuls pouvant donner ou faire espérer, eux seuls pouvant rassembler les guerriers et les tenir sous les armes,
chose alors plus difficile que de les commander.

[1] Esprit des Lois, liv. XXXI, chap. i.
[2] *Ibidem.*
[3] *Ibidem.*

Les maires du palais, aidés de l'exemple de Warna-chaire, étant parvenus à l'inamovibilité durant leur vie, n'eurent garde de rétablir l'amovibilité des autres charges et offices. Vers la fin de la première race les grands offices furent donnés pour la vie, et cet usage se confirma de plus en plus [1]. Il est manifeste que ce qui arriva pour les fiefs corporels et pour les offices de la couronne exercés dans les provinces et pour l'office de maire du palais, arriva de même pour tous les offices du palais qui étaient aussi donnés en fiefs incorporels.

ÉTAT DE LA COUR DE FRANCE SOUS LA DEUXIÈME RACE.

La cour changea une seconde fois sous Charlemagne, fils et héritier de Pépin.

Pépin avait hérité de son père et de son aïeul le duché ou royaume d'Austrasie, où ils avaient souverainement régné, *sous le titre de ducs*, depuis quatre-vingts ans ou environ. Il avait aussi hérité de ses pères la qualité de *maire du palais* du royaume de Neustrie, et s'était mis ou plutôt avait été mis à la place du roi, non seulement par les grands de la Neustrie même, d'accord avec ceux d'Austrasie, mais en outre, et c'est une circonstance bien importante, à la sollicitation des grands de la capitale de l'Italie et du souverain pontife de la chrétienté, pressés du besoin d'assurer la religion menacée par le schisme de Con-

---

[1] Esprit des Lois, liv. III, chap. VI et VII.

stantinople, de soustraire l'Italie à la domination
et aux persécutions de l'empereur d'Orient, et de
contenir l'ambition des Lombards, ce qui ne
pouvait se faire qu'en unissant l'Italie au système politique de l'Occident, et en la comprenant
dans la société européenne sous l'influence française[1].

Charlemagne, en devenant roi et directeur des
Français (*rex et rector Francorum*), ce fut le titre
sous lequel il régna jusqu'à ce qu'il eût pris la
couronne impériale[2], se dispensa et fut dispensé
de recevoir un maire du palais; il se sentait et on
le reconnaissait capable de remplir lui-même l'office de duc des ducs, qui était, pour ainsi dire,
l'élément de son autorité. Du reste sa maison continua quelque temps sur le pied où il l'avait trou-
vée. Devenu empereur, il se laissa aller à l'exemple
des empereurs romains qu'il remplaçait dans l'Oc-

_____

[1] Que ces écrivains sont peu éclairés qui travaillent de
toutes leurs facultés pour montrer, dans l'élévation de Pépin
au trône de France, le résultat criminel des manœuvres d'un
ambitieux et d'un usurpateur! Le sort de la religion chré-
tienne, le sort de la France, celui de l'Italie, celui de l'Europe
entière, et non l'ambition d'un homme, furent les grands
intérêts qui déterminèrent les peuples de l'Austrasie, de la
Neustrie, de la capitale de l'Italie et du monde chrétien,
à déclarer de leur propre autorité *roi de France*, le prince
qui, sous le titre de duc, tenait de ses pères la souveraineté
de la partie la plus étendue, la plus peuplée et la plus guerrière des Gaules.

[2] Capitulaires, de Baluze.

cident, à celui des empereurs d'Orient qu'il fallait représenter aux yeux des Romains, et à l'influence de la cour de Rome qui en tout avait besoin de l'opposer à l'empereur d'Orient.

La maison de Charlemagne empereur s'appela le *sacré palais*. On vit paraître une espèce de constitution pour ce sacré palais (*ordo sacri palatii*). Les anciens offices de la couronne et maison furent conservés avec leurs attributs féodaux, tels que l'inamovibilité pendant la vie du titulaire et la juridiction sur les ouvriers des professions correspondantes à leurs fonctions, juridiction qui de ces ouvriers faisait de véritables sujets. Mais d'abord ils se trouvèrent mêlés avec des officiers nouveaux que l'empereur créa simples officiers de sa *maison*, qu'il nommait et révoquait à volonté. On confondit les grands officiers de la maison seulement, avec ceux de la maison et couronne. En second lieu ceux-ci se trouvèrent subordonnés à un de ces officiers nouveaux de la maison, dont l'autorité impériale avait beaucoup à espérer et rien à craindre. Enfin ils étaient aussi ramenés, par l'ascendant des nouvelles pompes de la cour, et plus encore par celui du monarque, à la condition d'officiers de la *maison*, qu'ils avaient méprisée sous la première race, en devenant *officiers de la maison et couronne*.

Voici la liste des grands officiers de la *maison*, et des grands officiers de la *maison* et *couronne* de Charlemagne, comme Adalhar, abbé de Corbie, la

consigna par l'ordre du monarque dans le livre
intitulé *Ordo sacri palatii* :

Apocrisiarius,	Apocrisiaire, chef de la maison ecclésiastique.
Cancellarius summus,	Grand chancelier.
Camerarius,	Grand chambrier.
Comes palatii,	Comte du palais.
Senescalcus,	Sénéchal.
Buticularius,	Boutillier, grand échanson.
Comes stabuli,	Comte de l'étable.
Mansionarius,	Maréchal des logis.
Venatores principales,	Veneurs principaux.
Falconarius,	Grand fauconnier.

On compta donc au moins dix grands officiers
dans le sacré palais, au lieu de cinq qu'avait réunis
la cour des rois de la première race.

L'apocrisiaire (*apocrisiarius*) était ce principal
officier de la maison auquel le roi subordonna et
les nouveaux officiers de la maison, et tous les
officiers de la maison et couronne.

Les rois de la première race depuis Clovis avaient
eu un oratoire ou chapelle dans le palais : les des-
servants s'appelaient *chapelains*, et l'un d'eux au-
dessus des autres *archichapelain*. Ce fut l'archichapelain que Charlemagne fit *premier officier du
sacré palais*, sous le titre d'apocrisiaire, et en ajoutant à ses fonctions anciennes celles que le titre
d'apocrisiaire indique, c'est-à-dire de répondre à
toutes les questions qui pouvaient lui être faites
pour la direction des consciences. L'apocrisiaire

servait de conseil à tous les officiers du palais ;
tous étaient obligés de le consulter dans les cas
douteux. Il avait la connaissance de toutes les affaires bénéficiales du royaume, et juridiction sur le
clergé, à la charge de référer au roi dans les grandes
occasions. Il était d'ailleurs un intermédiaire utile
entre le souverain pontife qui venait de consacrer
la nouvelle dynastie en France, qui la reconnaissait comme souveraine en Italie, et en avait besoin
contre les prétentions légitimes de l'empereur
d'Orient. Enfin c'était aussi un chef national donné
à une religion qui commençait à unir étroitement
les Francs et les Gaulois, et à former des uns et
des autres ce corps de nation appelé depuis la nation française. Cet officier ecclésiastique, qui pri-
mait dans la maison du roi, en soumettait tous les
officiers à une autorité purement spirituelle, sans
avoir, comme un maire, chef de l'armée, la faculté
de faire servir leur soumission à son ambition et
à la ruine du trône.

Le grand chancelier (*cancellarius summus*) était
chargé de certifier la signature des grands officiers
de la maison et couronne au bas des actes royaux,
et d'écrire le nom de chaque signataire, parceque
leur seing n'était d'ordinaire qu'un chiffre, quelquefois un trait informe. Le chancelier écrivait à
côté : signature d'un tel [1], et ensuite le nom en

¹ Favin : Des officiers de la couronne de France, liv. II,
chap. IV, pag. 103 et 104

III.   3

toutes lettres. Il était le chef des notaires et secrétaires du roi. C'était une partie du service de la couronne, une fonction publique et non domestique.

Le chambrier (*camerarius*) n'était pas seulement un officier d'ostentation impériale, comme
le croit Favin, qui, pour en justifier l'établissement, emploie l'argument banal de la nécessité
où sont les rois d'imposer aux peuples par la re-
présentation. « Le grand roy Salomon, dit-il, ne
» se monstroit jamais en public qu'*avec sa belle*
» *robe blanche comme la neige, monté sur un char-*
» *riot très riche et très bien tiré ;* sa garde et sa suite
» superbement vestue d'escarlatte tyrienne, et *jus-*
» *qu'à leurs cheveux et perruque laquelle estoit pou-*
» *drée de papillotes* ¹ *et limaille d'or,* ce dit Josephe
» au liv. VIII, chap. ii; *de sorte que leurs testes resplen-*
» *dissoient merveilleusement aux rayons du soleil.* »
L'auréole, dont tant de publicistes ont exalté la
nécessité pour faire respecter les rois, ne ressemble
pas mal à la poudre d'or qui faisait reluire les perru-
ques de la garde de Salomon. Le système qui place
les titres des rois au respect des peuples, non dans
leur tête, mais autour, n'a pas, comme on voit, le
mérite de la nouveauté. Mais revenons. Le chambrier, disais-je, n'était pas seulement un officier de
parade; il était du conseil du roi; il assistait et prenait part à la délibération des actes royaux; il avait
séance aux assemblées de la nation; il était électif.

¹ Paillettes.

L'office de comte du palais (*comes palatii*) fut réduit par Charlemagne à rendre la justice dans le palais, en matière civile, comme l'apocrisiaire en matière ecclésiastique. Ce prince attribua au sénéchal le commandement des officiers de la bouche, qui, sous la première race, regardait le comte du palais. Le comte du palais, continuant à rendre la justice souverainement sur l'appel des ducs et des comtes[1], demeura donc essentiellement officier de la couronne, homme de l'état.

Le sénéchal (*seneschalcus*) fut créé par Charlemagne, qui était homme d'ordre, qualité nécessaire à un prince. Le nom de sénéchal est formé de deux mots allemands qui signifient homme ou maître de la famille. Son office fut de gouverner le service de la table : *præpositus regiæ mensæ*, dit Éginhard en parlant du sénéchal ; *dapifer*, disent un grand nombre d'ordonnances. Il avait donc à diriger le plus dispendieux et le plus abusif des services de la cour. Sous la première race, le camérier seul était chargé de surveiller la comptabilité des recettes et des dépenses. Les dépenses de la bouche cessèrent de le regarder quand le sénéchal fut établi.

C'est ce sénéchal, cet homme de la famille, cet économe modestement et sagement institué par Charlemagne pour tenir l'ordre dans les principales dépenses de sa maison, qui fut depuis nommé fastueusement *grand maître* de la maison et cou-

[1] Favin, page 130.

ronne, et ensuite *grand maître de France*, comme si la cour était toute la France. On sait comment sous ce titre on a vu l'économe de la maison royale disputer de faste avec le monarque, coûter aussi cher à son maître ou à l'état que les abus qu'il était chargé de prévenir ou de réformer, et qu'il ne prévenait ni ne réformait.

Au reste le sénéchal me paraît n'avoir eu aucun caractère d'officier de la *couronne*. C'est le premier de ceux qui, sous la troisième race, peut être qualifié de grand officier de la maison.

L'échanson ou boutillier (*buticularius*) est le second du même genre[1].

Le comte de l'étable (*comes stabuli*), par la suppression du maire du palais dont il était le lieutenant à la guerre, devint le septième des grands officiers de la maison de Charlemagne. Mais ce monarque lui donna des expéditions militaires à commander en chef, et prépara le changement qui fit ensuite du comte de l'étable le constable (*constabularius*) et plus tard le connétable de France.

Le grand maréchal des logis (*mansionarius*) était, sous la première race, un officier subordonné au comte du palais. Il devint un grand officier sous

---

[1] Ce titre ne se trouve pas dans l'état de la France de 1739, et on le revoit dans l'Almanach de Versailles de 1784. En 1739 l'échansonnerie était le premier des *sept offices* dépendant du grand maître de France, c'est-à-dire de la maison du roi, laquelle, pour la cour, est la France.

Charlemagne. Sa charge était de marquer l'emplacement du champ de Mars où se traitaient les affaires de l'état, d'assigner leur logement ou quartier à ceux qui se rendaient aux états, de commander les maréchaux subalternes qui traçaient les camps à la guerre et marquaient les logis des évêques qui se rendaient à la cour. Cette place était une charge de la couronne.

Quant aux veneurs et fauconniers (*venatores et fulconarii*), ils étaient préposés uniquement aux chasses du prince. C'étaient des officiers de sa maison, non de la couronne, qui jusque là n'avait point reconnu d'offices parfaitement inutiles à l'état.

Il résulte de ces notions, que Charlemagne, soit qu'il fût guidé par l'instinct du pouvoir, soit qu'il crût de sa politique de prendre aux yeux de l'Italie l'attitude d'un empereur d'Orient ou d'un ancien empereur romain, soit enfin qu'il y inclinât par un peu de vanité, faiblesse de conquérant, réunit autour de lui un grand nombre d'officiers; mais, éclairé par l'origine de sa propre grandeur, il leur donna un chef en quelque sorte spirituel, étranger aux armes et révocable à sa volonté. Par ce moyen et par l'autorité de son caractère et de son talent, il rendit aux offices de la couronne une couleur de domesticité qu'ils avaient perdue à la fin de la première race ; il mêla aux officiers chargés d'acquitter envers la nation les devoirs de la couronne, et qui appartenaient à la royauté plutôt qu'au roi, plusieurs officiers de la maison qui servaient uniquement à la personne, nullement à l'état; il fit de tous une espèce de corps, par la combinaison de leurs services dans le sacré palais, et par leurs relations respectives. Il fit enfin du service domestique le principal de leurs fonctions, et du service public l'accessoire : ce qui était justement l'inverse du système des rois ses prédécesseurs.

Je le répète, il était de la nature de Charlemagne de faire fléchir sous son ascendant ceux qui l'approchaient. Cependant c'était toujours l'*élection* qui désignait au prince les grands officiers de la couronne ; ils recevaient toujours leurs offices en fiefs par l'investiture, à la suite d'une prestation de foi et hommage; ils devenaient seigneurs de leur office comme on était seigneur d'une terre ; ils étaient toujours grands vassaux de l'état; ils avaient des sujets dans tous les hommes de la profession correspondante au service dont ils étaient chargés dans la maison du roi ; ils donnaient des statuts aux diverses professions; ils accordaient la faculté de les exercer et vendaient les permissions à leur profit; ils retiraient de l'exercice de ces professions des rétributions annuelles, et des amendes pour les contraventions aux statuts ; ils avaient justice ou juridiction sur les concessionnaires de permissions ; ils avaient leurs officiers, leur maire, pour exercer cette justice. Comme grands vassaux, ils étaient de la cour des pairs du roi, jugeaient avec les pairs, n'étaient jugés que par les pairs; ils avaient entrée dans les assemblées nationales; en un mot, ils jouissaient de tous les attributs caractéristiques d'un grand fief.

Charlemagne n'avait pas beaucoup à faire pour mettre les grands officiers de la couronne dans l'impuissance de nuire à un homme tel que lui; mais il n'éleva point au-dessus de leurs entreprises les princes d'un mérite inférieur qui devaient lui succéder, soit que la nation ne s'y prêtât point, soit qu'il s'en souciât peu, étant trop sage pour vouloir une maison soumise aveuglément aux caprices de son chef, à l'effet de gouverner une nation qui ne l'était pas.

Tout le monde sait ce que devint l'autorité royale sous les successeurs de Charlemagne. Charles-le-Chauve en acheva la ruine en donnant *à perpétuité* les fiefs réels et les fiefs incorporels, c'est-à-dire les bénéfices territoriaux et les *grands offices* de la maison et couronne. Alors commença réellement le gouvernement féodal; alors en effet le pouvoir royal, aliéné par parties, était plus qu'abdiqué : il était aboli, aboli par la royauté elle-même. Elle s'était dépouillée de la délégation du pouvoir souverain pour la partager entre les grands offices de la couronne. Cette fois tout périt, la monarchie et le monarque. Une ombre du pouvoir souverain, sous le nom indéfini de *suzeraineté*, errait au-dessus d'une multitude de souverains de fait, entre qui la délégation générale s'était divisée, également

¨incapable de se faire sentir, de se faire entendre, même de se faire regarder.

Encore une fois, je ne sais ce qui peut avoir empêché Montesquieu de dire nettement que les grands offices de la maison et couronne du roi furent donnés en *fief à vie* sous la première race, en fief héréditaire sous la seconde, et que ces fiefs incorporels, qui cernaient étroitement l'autorité du roi et sa personne, furent le complément et le véhicule des causes qui amenèrent le gouvernement féodal [1].

[1] Il y a une vérité bien prouvée par les monuments qui nous restent du gouvernement féodal, c'est l'érection en fief des offices de la couronne et maison du roi. Ces fiefs *incorporels* avaient tous les caractères du fief territorial. D'abord ils donnaient des *sujets* comme celui-ci : ces sujets étaient tous les hommes du palais et même de la France dont la profession répondait au service dont les officiers étaient chargés dans le palais. Ensuite ces fiefs donnaient à l'officier, comme seigneur, juridiction sur ces mêmes sujets, par conséquent une *justice;* ce qui était un attribut inséparable des *seigneuries* dans ces temps où la *justice* ne pouvait être séparée de la *force*, parcequ'elle se bornait à arbitrer des compositions entre les coupables et les parties lésées, et ensuite à défendre les coupables qui avaient offert de s'acquitter, et à les protéger contre les vengeances des offensés. En troisième lieu, les offices inféodés donnaient entrée aux assemblées nationales avec les seigneurs proprement dits ou vassaux de la couronne. En quatrième lieu, ils constituaient le grand officier membre de la cour des pairs, lui donnaient le droit de juger avec eux et de n'être jugé que par eux : autre circonstance caractéristique de la qualité de grands vassaux ou vassaux immédiats de la cou-

La formation du gouvernement féodal a même besoin de l'inféodation des offices de la couronne et maison pour être bien expliquée. Montesquieu, dans son admirable histoire de ce gouvernement, a lumineusement démontré que c'est l'aliénation à perpétuité des offices de comtes et de ducs faite par Charles-le-Chauve, ainsi que des terres attachées à ces offices, qui, en créant des seigneuries, a préparé l'indépendance des ducs et des comtes pour le gouvernement de leurs duchés et comtés. Mais cette préparation était insuffisante pour déterminer l'érection du gouverne-

ronne. On voit d'ailleurs dans les procès-verbaux de Du Tillet, une foule d'actes, à la vérité du treizième siècle, mais tous supposant un usage antérieur, qui prouvent l'inféodation des offices de la maison et couronne : ce sont des prestations de *foi et hommage* pour l'investiture de ces mêmes offices, et Du Tillet qualifie, sans hésiter, de fiefs, les offices de la couronne.

Voici comment il s'exprime : «Les rois de France ancien-
» nement avoient baillé ou enduré auctorités, droicts et pré-
» éminences à leurs officiers domestiques sur les mestiers dont
» ils se servoient ou qui en approchoient : aux ESCHANSONS,
» sur les *taverniers* et *marchands de vin;* AUX PANETIERS, sur
» les *boulangers;* aux MARESCHAUX de l'escurie, sur les autres
» *mareschaux;* aux BARBIERS, sur les *barbiers;* au grand CHAM-
» BRIER, sur les *merciers, frippiers, cordonniers, pelletiers,
» fourreurs, boursiers* et autres semblables, parce qu'il avoit la
» charge des habillements du roi, partie desquels se prenoit
» chez les dicts métiers. » (Page 412.) Sa juridiction, en 1474,
est sur dix-sept métiers de Paris qui n'étoient qu'en le temps
passé. Il vend le métier de *savetier* et *basanier* (page 413);
selliers, lormiers, bourselliers, gantiers. (Page 414.)

Cette justice attribuée aux offices fut le signe de l'inféo-

ment féodal; il manque un anneau à la chaîne des pouvoirs dont Montesquieu reconnaît l'aliénation et le soulèvement. Cet anneau est le pouvoir du maire ou mayer du palais, qui s'était rétabli sous Charles-le-Simple; c'est le pouvoir du duc de France, du duc des ducs, du chef des grands officiers de la maison et couronne. L'an 992, Robert, frère d'Eudes, comte de Paris[1], père de Hugues-le-

dation de ces offices. « Tous officiers, dit Du Tillet, doivent »*foi et serment*. L'HOMMAGE en aucuns a été ajouté pour la »*juridiction* qu'ils ont annexée à l'office, *laquelle ils tiennent* » *comme fief à vie...* Les officiers qui exercent la juridiction »*au nom du roi* doivent seulement serment à lui ou autre » auquel il est adressé pour l'institution; ceux qui l'ont à eux » propre, à cause de leurs offices, la doivent reconnoistre par » l'hommage outre le serment de l'exercice de l'office. » (*ibid.*, page 394.)

Il est donc positif que le connétable, les maréchaux, à raison de leur juridiction sur les gens de guerre; le grand maître de France, le grand queux de France, le grand bouteiller ou grand échanson, le grand panetier*, le grand chambrier, à raison de leur juridiction sur leurs subordonnés et sur différents métiers, tenaient leur office en fief, et en rendaient foi et hommage au roi. Le connétable recevait en fief l'*épée du roi*. « Les lettres d'Artus de Bretagne (le duc de Ri-» chemont) expriment (dit Du Tillet, page 390) la grandeur » du dict office, narrant qu'il est chef principal après le roi, » pour toutes ses guerres, et que, selon l'usage ancien, *par* »*manière* de possession lui est commise la garde de l'espée » du roi dont il lui doit hommage lige. »

[1] « Le comte de Paris avoit la justice, police et finance, et

* Du Tillet cite un fait qui annoncerait que le grand panetier fait exception. Il prêta serment au parlement, mais Du Tillet croit que ce fut par erreur.

Grand, aïeul de Hugues Capet, qualifié de duc de France par les historiens, était mayer du palais : son fils Hugues-le-Grand le fut après lui, et après lui Hugues Capet.

Du Tillet s'exprime ainsi sur ce sujet : « Sous » le dict Pepin roy et sa postérité, demoura l'office » (de mayer) rabaissé jusques au roy Charles-le- » Simple, que Robert, frere d'Eudes, régent du » royaume, puis roy, fut meyer, et de lui fut trans- » féré comme héréditaire à son fils Hugues-le- » Grand, pere de Hugues Capet, *qui par ceste* » *eschelle monta à la couronne;* depuis deffit sage-

» commandoit les armées ; il avoit sous lui un vicomte. Lorsque » Hugues Capet fut parvenu à la royauté, il réunit à la cou- » ronne le comté de Paris qu'il possédoit à titre d'inféodation » que Hugues-le-Grand avoit reçue de Charles-le-Simple. » (Le président Hénault, t. I, ann. 992.)

.OBSERVATION. Ce n'était pas comme comte, mais comme duc des ducs ou duc de France, que Hugues Capet avait le commandement des armées : comme comte de Paris il n'aurait eu que le commandement de la seule armée de Paris. Sur quoi il faut remarquer que, comme comte de Paris, il n'avait de supérieur que lui-même ; qu'il relevait immédiatement de la couronne. Il n'y avait point de duché de Paris, parceque, le comté de Paris appartenant au duc des ducs, l'inféodation du comté de Paris à un duc aurait constitué le chef de tous les ducs de France inférieur au duc de Paris. C'est donc comme maire ou mayer de France que Hugues Capet a été promu à la royauté, soit que cette qualité et le pouvoir qui y était attaché aient conduit tout naturellement à la royauté, soit qu'on ait regardé la dignité de maire comme la suprême propriété du fief de Paris.

» ment la dicte eschelle, et oncques puis n'y eut
» meyer[1]. »

Ce n'est pas seulement comme propriétaire du
plus grand fief du royaume que Hugues Capet se
fit roi, ainsi que le croit Montesquieu : son père
Hugues, maire du palais, avait refusé de l'être; et
Robert, son aïeul, autre mayer, avait été élu et
couronné roi en 992. C'est donc la qualité de maire
du palais, c'est le *fief de la mairie du palais*, aidé
de tous les fiefs des officiers de seconde ligne dans
le palais, qui a fait passer la couronne sur la tête
de Hugues Capet, chef de la troisième race. Il me
semble évident que, si ce mayer et les grands officiers de la maison et couronne étaient restés fidèles
au roi, et avaient employé les nombreux justicia-
bles de leur fief, c'est-à-dire les hommes exerçant
art ou métier, tous bourgeois aisés, et par cette
raison amis d'un gouvernement régulier, les ducs
et comtes auraient difficilement pu s'écarter de la
soumission due au roi. Du moins ils n'auraient pas
eu un point de ralliement au centre du pouvoir, ils
n'y auraient point trouvé de complice, point de fau-
teur, point de chef, point d'appui ni de protection.
Au contraire, de là seraient tombées sur eux les
prévoyances d'un pouvoir jaloux, les sévérités d'un
pouvoir menacé, les vengeances d'un pouvoir of-
fensé; de là auraient fondu sur la révolte toutes

---

[1] Recueil des rois de France, chapitre des maires du palais, ducs, comtes, officiers, page 388.

les forces d'un pouvoir sans division, sans distraction, avec tous les avantages de l'unité monarchique contre une ligue anarchique. L'histoire a semblé vouloir perdre cette importante vérité que *l'autorité royale a péri par la cour*, a été sacrifiée par les officiers de la *couronne* et *maison* du roi. On a souvent dit figurément : La cour a perdu le roi ; la cour a ruiné le trône. Cette fois elle l'a précisément et réellement renversé. Et pourquoi ne pas le dire ? A-t-on peur d'empêcher que cela ne recommence ?

J'ai établi mon opinion sur ce sujet dans une discussion qui sera jointe à ce mémoire, et qui forme elle-même un mémoire de quelque étendue.

ÉTAT DE LA COUR DE FRANCE DURANT LA TROISIÈME RACE JUSQU'A FRANÇOIS 1er.

Peu après la renaissance d'une nouvelle royauté sous une troisième race de rois, que les grands vassaux, s'ils n'eussent pas été eux-mêmes des usurpateurs, auraient eu seuls le droit d'appeler usurpatrice, car elle n'usurpa que sur le gouvernement féodal, les grands officiers de la maison et couronne se trouvèrent réduits à cinq : le grand chancelier, le sénéchal, le grand échanson, le grand chambrier, et le comte de l'étable.

Le grand maréchal des logis, le grand veneur et le grand fauconnier étaient de simples officiers de la maison. On ne voit point reparaître de grand

officier ecclésiastique ; l'apocrisiaire de Charlemagne avait disparu. Les rois n'avaient plus le
même intérêt que ce prince à ménager la cour de
Rome, et de grandes raisons invitaient à se défier
de sa politique. Le chef de la chapelle du roi ne
compta plus, dans cette première période de la
troisième race, entre les grands officiers de la maison
de France. Hugues Capet, simple *suzerain* de la
plus grande partie du royaume, n'était *souverain*
que du plus grand des fiefs qui le composaient. La
magnificence et l'*ordre du sacré palais* de Charlemagne, puissant empereur d'Occident, auraient été
fort disproportionnés avec l'existence d'un si petit
souverain.

Il se borna donc à cinq officiers, comme les rois
de la première dynastie ; et ces officiers reprirent,
à quelque chose près, leur caractère primitif. Ils
furent officiers de la couronne plutôt que de la
maison, serviteurs de l'état plus que du prince[1].
Ils ne recommencèrent pas l'envahissement du pouvoir royal, mais ils en partagèrent l'exercice avec
le roi ; ils n'en reçurent pas la délégation, mais ils
coopérèrent à son action ; ils n'eurent plus les
moyens de l'usurper, mais ils le limitèrent.

« Tous ces grands officiers, dit Favin[2], étaient
» élus par le conseil du roi, qui les agréait et con-
» firmait leur élection, ainsi qu'il se pratiquait en

---

[1] Favin ne les appelle qu'officiers de la couronne.

[2] Page 270, Traité des premiers offices de la couronne de
France.

» celles des conseillers au parlement au nombre
» desquels ils étaient, et avaient séance et voix dé-
» libérative, même au jugement des pairs. »

Une ordonnance de Philippe Ier, qui n'est point
comprise dans le recueil du Louvre, mais qui est
mentionnée dans celui de Du Tillet[1], et transcrite
par le président Hénault, sous les années 1103, 1104
et 1105, nous apprend que le roi Philippe, pour
autoriser ses chartes et lettres, les fit *souscrire et
témoigner* à ses grands officiers, échanson, chambrier, grand maître, et connétable de France.

Il ne faut pas s'en rapporter à Favin ni même à
Philippe Ier sur le motif qu'ils supposent à la signature des *chartes et lettres royaux*. Les rois n'a-
vouent pas volontiers les institutions qui gênent
leur autorité. L'ordonnance de Philippe Ier présente, comme de simples *certificateurs de ses actes*,
des officiers qui en étaient les coopérateurs nécessaires. Pour être convaincu de leur coopération,
il suffit de remarquer que le grand chancelier cer-
tifiait leur signature comme celle du roi, en écri-
vant le nom et la qualité de chacun au-dessous de
la simple croix ou du monogramme quelconque à
quoi se bornait leur signature. Comment voir des
certificateurs ou de simples témoins des actes
royaux, dans de grands personnages qui, faute de
savoir écrire leur nom, ont eux-mêmes besoin d'un

---

[1] Concernant les rois de France, leur couronne et maison,
page 389.

certificateur de leur seing grossier et informe? Leur
coopération aux lois était si nécessaire, que quand
l'un d'eux était absent ou qu'un office était vacant,
l'acte faisait mention de l'absence ou de la vacance[1].
L'ordonnance de Louis VIII faite en 1223, concernant les juifs, *du consentement, et par la volonté des
Archevêques, Évêques, Comtes, Barons et Chevaliers
du royaume*, est souscrite de l'échanson (Robert de
Courtenai), du connétable (Mathieu de Montmo-
rency) et du sénéchal (Enguerrand de Coucy), qui
faisaient partie de cette assemblée dont la loi exprime le consentement et la volonté, *volontatem et
consensum*. Peut-on douter d'après cela que les
grands offices dont il s'agit ne fussent une magistrature nationale placée à côté du monarque? Et
pourquoi s'étonnerait-on de cette assistance des
grands officiers élus par le conseil du roi? N'était-il
pas naturel qu'ils en fussent membres? Pourquoi
n'auraient-ils pas été du conseil, étant du parlement,
y prenant rang, séance, et ayant voix délibérative,
même au jugement des pairs[2]? Pourquoi n'auraient-ils pas été les plus intimes conseillers du

---

[1] Les lettres données par Louis VIII, en 1224, pour l'abolition de diverses coutumes dans la ville de Bourges, portent:
« Astantibus in palatio nostro, quorum nomina supposita sunt
et signa. *Dapifero nullo.* Signum Roberti, *buticularii.* Signum
Bartholomæi, *camerarii.* Signum *constabularii.* Data per
manum Garini, Silvanectensis episcopi, » (c'était le chancelier).

[2] Favin, page 270.

roi, réunissant, en vertu de leur titre de grands officiers de la couronne, avec toutes les dignités qu'on vient de voir, le droit d'assister aux assemblées nationales ? *Point d'états-généraux*, dit Favin, *ne pouvaient se tenir sans eux*. Ils y opinaient, et y occupaient même une place distinguée.

Ces offices étaient donnés en fief. Les inventaires de Du Tillet contiennent nombre de preuves de cette vérité. Ces fiefs étaient, les uns à vie, les autres héréditaires, tous inamovibles et par conséquent indépendants.

Comme les grands vassaux prirent le nom de leur fief territorial vers la fin de la seconde race, de même on vit les officiers qui avaient reçu leur office à titre de fief prendre le nom de leur office. La charte raimonde de 1228, entre Louis IX et Raimond-le-Jeune, dernier comte de Toulouse, est signée de Robert, *bouteiller ;* de Berthelon, *chambrier ;* et de Mathieu, le *connétable.* Or Robert le bouteiller était le comte de Dreux, prince du sang, et Mathieu le connétable était Mathieu de Montmorenci [1].

---

[1] Ce fait et beaucoup d'autres prouvent que La Roque est dans l'erreur lorsqu'il assure dans son Traité de la Noblesse, chap. XIX, que les rois rendirent héréditaires les grands officiers de la couronne en les attachant à des fiefs territoriaux transmissibles aux héritiers. *Ils en firent des fiefs,* et ne les attachèrent point à des fiefs territoriaux. Il y a mieux : on voit dans Du Tillet qu'ils attachèrent des terres à quelques uns de

Il est bon d'observer qu'au commencement de la troisième race, tous les grands vassaux se créèrent des maisons semblables à celle du roi, parceque tout seigneur dominant était obligé, comme le roi, à donner des pairs pour juges à ses vassaux. Le sire de Joinville était *grand-sénéchal héréditaire* du comte de Champagne, et le comte de Champagne était grand sénéchal du roi de France; et les offices de l'un et de l'autre leur étaient inféodés[1]. Les grands officiers étaient manifestement imposés au pouvoir.

Les fonctions et prérogatives politiques et judiciaires dont nous venons de parler n'empêchaient pas les fonctions domestiques propres à chaque office.

Le sénéchal, qui représentait le comte du palais de la première race, qui, sous Charlemagne, était l'économe de la maison, et s'appelait aussi *præpositus regiæ mensæ*, et quelquefois *dapifer*, retint ce dernier nom au commencement de la troisième. Dapifer signifie littéralement *celui qui apporte à manger, qui le met sur la table* : c'était en effet

ces fiefs incorporels, et que ces terres en étaient les dépendances.

[1] La Roque, dans son Traité de la Noblesse, cite le sire de Joinville comme sénéchal du roi de France et comme faisant partie de la cour de France. C'est une erreur. On voit dans les mémoires de Joinville, qu'il refusa de prêter serment à Louis IX, parcequ'il était sénéchal du comte de Champagne, et par là son vassal lige.

une des fonctions de son office, mais ce n'était pas la seule ; le dapifer était de fait, comme sous Charlemagne, *préposé à la table du roi*, et il était chargé de régler tout ce qui regardait le service de la bouche, excepté les boissons, qui étaient sous l'autorité de l'échanson, *Buticularius*. Une prérogative de l'échanson était de présider la chambre des comptes. L'échanson avait été créé par Charlemagne ; il n'en était pas question sous la première race ; il continua sous la troisième. Sous Philippe Ier. Le dapifer fut nommé majordome de la maison royale, *major domûs regiæ;* maître du royaume, *major regni ;* sa charge était la première de la couronne. Sous le règne de Philippe-Auguste, il fut qualifié de souverain maître du palais[1]. Louis XI le nomma grand-maître de France, soit par contraction de grand-maître du palais ou de la maison du roi de France, soit par opposition au titre de grand-maître de la maison d'un grand vassal de la couronne ; peut-être aussi parcequ'il espérait faire illusion sur l'abaissement des places par l'élévation des titres. Le titre de grand-maître de France est resté à l'office de maître de la maison du roi. Dès le commencement de la troisième race, ses fonctions domestiques consistaient à régler tout ce qui regardait la table du roi ; il avait la

[1] Voyez les Ordonnances du Louvre, tom. XV, pag. 317 ; note sur les lettres de Louis XI, signées par les grands officiers en faveur des descendants d'Eudes Lemaire, dit Challo Saint-Mas, pour un pèlerinage en terre sainte.

garde des clefs du palais; il y maintenait la propreté, l'ordre et la police; et pour y remplir ces
diverses fonctions, il avait autorité sur les hommes
qui en formaient la garde. Il commandait seul à
tous les officiers du service de bouche; de plus,
il avait juridiction sur plusieurs métiers qui avaient
rapport au service de la bouche, tels que les bouchers et les charcutiers. Cette juridiction constituait essentiellement son fief, et l'obligeait *à la foi
et à l'hommage* envers le roi, ce qui était la condition des fiefs : pour les offices non inféodés, les
officiers se bornaient à *prêter serment* de fidélité,
sans *hommage*.

Après que Louis IX eut ôté aux cinq grands officiers de la maison et couronne le droit de déli-
bérer sur les actes royaux, comme nous le verrons
dans un moment, le grand-*échanson* et le *pannetier*
furent mis sous l'autorité du *souverain maître du
palais*; ils furent dépouillés de la juridiction qu'ils
avaient, l'un sur les marchands de vin, l'autre
sur les boulangers; le grand échanson perdit de
plus la prérogative de présider la chambre des
comptes; et néanmoins l'un et l'autre continuèrent
à posséder leur office en fief et sous la condition
de foi et hommage.

Sous Philippe de Valois le comte de l'étable,
qualifié alors de connétable, étant devenu le premier officier militaire de la couronne et chef de
l'armée, l'autorité supérieure sur l'écurie du roi

passa au premier écuyer, qui alors prit le titre de
grand-écuyer. Ainsi le connétable et les maréchaux
de France ses subordonnés immédiats, cessèrent
d'être officiers de la maison, pour être uniquement
officiers de la couronne ; et un nouvel officier s'é-
leva dans la maison, mais sans inféodation et sans
juridiction, ce fut le grand-écuyer. En 1440,
Louis XI qualifia le grand-écuyer, de grand-écuyer
de *France*.

Le grand-chambrier, nommé *cubicularius* sous
la première race, *camerarius* sous Charlemagne,
avait pour fonction domestique, au commencement de la troisième race, de régler tout ce qui
regardait l'habillement de la personne du roi ; et
pour la facilité ou la sûreté de ce service, il avait
juridiction sur les merciers, frippiers, cordonniers, pelletiers, fourreurs, boursiers et autres
semblables[1]. Sa juridiction en 1474 s'étendait à
dix-sept métiers de Paris. Il vendait les métiers
de savetier, de basanier, de sellier, de lormier,
boursellier, gantier. Le grand-chambrier avait de
plus le droit ou plutôt le devoir de surveiller les
recettes et dépenses de la maison du roi et celles
de l'État. Il avait juridiction sur les comptables,
excepté ceux du service de la bouche.

A la fin du règne de Louis IX, le pouvoir poli-

---

[1] Du Tillet pag. 412, 413, 414.

tique des grands officiers de la couronne fut réduit
à ce qu'il était du temps de Charlemagne. Ils cessèrent de signer les actes de l'autorité royale et d'y
concourir. C'est le privilége de la vertu, du talent,
de la vaillance surtout, de rendre les peuples moins
soigneux des garanties politiques qu'ils se sont données contre l'oppression. Mais les négliger, n'est
pas y renoncer. D'ailleurs Louis IX, non plus que
Charlemagne, n'avait la prétention de gouverner
arbitrairement une nation généreuse. Les grands
officiers conservèrent du moins leur indépendance,
leur rang au parlement et aux assemblées nationales, leur juridiction sur les corps de métier dont
l'industrie répondait à leur service; enfin ils de-
meurèrent près du trône, non plus comme cen-
seurs, mais comme observateurs et témoins des
actes qui en émanaient.

Les grands officiers dont nous avons parlé sub-
sistaient encore à l'avènement de François Ier, mais
avec plusieurs autres, tels qu'un grand-aumônier
du roi, un grand-chambellan, un grand-écuyer de
France, un grand-veneur de France, un grand-fauconnier de France.

Louis XI, en donnant à tous les grands officiers
de sa maison civile le titre de grands officiers de
France, avait confondu les anciens grands officiers de la maison et couronne avec les simples
officiers de sa maison.

Nous venons de voir quel était l'état de la maison, voyons quel était celui de la cour.

Elle se composait essentiellement des grands officiers et de la famille du prince. Du reste, peu d'affluence des grands. Les seigneurs territoriaux n'y venaient que deux fois l'année aux cours plénières, à Noel et à Pâques. Leurs femmes n'y venaient jamais et n'y avaient point de rang.

Les grands officiers étaient fort éloignés de la souplesse, de l'obséquieux, de la servilité des courtisans modernes. C'étaient de grands vassaux gardant avec soin leur rang et leur caractère, se croyant assez soumis et assez liants pour le monarque, s'ils n'étaient exigeants et pointilleux ; ne s'estimant pas inférieurs aux grands seigneurs territoriaux, qui affectaient de vivre en princes dans leurs châteaux, de ne venir à la cour que rarement, et de n'y figurer que de mauvaise grâce[1]. Le palais du prince était le château des fiefs qui constituaient les grands officiers ; les grands officiers s'y regardaient comme chez eux et s'y conduisaient en conséquence. Ils n'étaient pas nombreux. Les princes et princesses du sang, même de la famille royale, avaient un petit nombre d'officiers.

La maison du prince, celles des princesses même, n'admettaient point de femmes dans leur composition. Aucune femme n'avait de rang à la

[1] Legendre, *Mœurs des Français.*

cour. Anne de Bretagne fut la première qui s'entoura de filles d'honneur qu'elle faisait élever sous ses yeux, à son exemple, dans la sagesse, la réserve, la modestie, convenables à leur sexe.

Le roi n'avait point de maison militaire. Des gardes en petit nombre : cent Écossais depuis Charles VII, cent *gentilshommes au bec de corbin* ou *de faucon* à dater de Louis XI, cent gentilshommes extraordinaires créés par Charles VIII, composaient toute la garde du roi. Toutes les places et dignités du clergé étaient électives ; les places de la magistrature, électives ; les troupes régulières étaient peu nombreuses, et le nombre des officiers à la nomination du roi, très borné. Enfin le trésor public n'était point indéfiniment à la disposition du roi[1]; c'était la chambre des comptes qui ordonnançait la distribution des fonds pour les dépenses publiques. Le roi était borné au revenu de son domaine et des droits domaniaux.

En deux mots, avant François Ier les rois avaient une famille, une garde, des domestiques, de grands officiers de la couronne indépendants, puissants même, et point de cour habituelle et permanente, si ce n'est leur maison. La réunion des grands, qu'on appelle la cour, était un évènement passager que signalaient de froides ostentations, de petites rivalités entre des personnes qu'aucune liaison

---

[1] Voyez chapitre V du Mémoire pour servir à une nouvelle histoire de François Ier, et les notes d'après Cangé.

n'intéressait, et qui ne devaient se revoir que rarement. Il n'existait ni esprit de cour, ni mœurs de cour, ni nation de cour, ni patronage de cour, ni clientelle de cour, ni domination de cour.

CHANGEMENTS
OPÉRÉS A LA COUR DE FRANCE
SOUS FRANÇOIS 1er.

APERÇU GÉNÉRAL.

François 1er donna une nouvelle organisation à la maison royale et établit un ordre nouveau entre les courtisans. Les changements de la maison et ceux de la cour agirent sans cesse les uns sur les autres : l'attrait et l'ordre de la maison augmentaient le concours des courtisans ; l'affluence et l'importance des courtisans amenaient un nouvel accroissement de splendeur et un nouvel ordre dans la maison.

D'abord le roi s'appliqua à faire disparaître les restes des prérogatives attachées aux grands offices de la maison et *couronne* : il écarta de ces offices toute idée de service public ; il n'y souffrit que l'esprit de domesticité. Mais, à l'exemple de Louis XI, il releva le titre des premiers officiers de sa maison par la qualification de grands officiers de France. Il ajouta des officiers nouveaux à tous les services anciens ; il doubla, il tripla le nombre de ceux qui en étaient chargés. Il créa des services nouveaux. Il augmenta la maison mili-

taire. Il fit entrer dans les offices des nobles de
divers rangs et de diverses origines. Les officiers de
la maison qui étaient égaux en honneurs, et dont
les uns ne différaient des autres qu'en ce que les
premiers entraient en fonctions quand ils étaient
présents, et les autres seulement en cas d'absence
et comme suppléants des premiers, furent subordonnés les uns aux autres : ces officiers furent placés suivant les extractions. Le commandement devint graduel et descendit d'office en office, depuis
le roi jusqu'aux valets de chambre, aux valets de
garde-robe, aux écuyers servants et plus bas encore. L'obéissance devint générale, la soumission
inévitable, là où régnaient la liberté et l'égalité.
Les offices furent divisés en quatre classes : une
distinction s'établit entre le service d'honneur
et le service seulement noble, entre le service
noble et le service anoblissant, entre ce service
anoblissant et le service roturier.

Le principal changement qu'éprouva la *maison*
fut le mélange des sexes dans la domesticité d'honneur. Le roi fit entrer dans la maison de la reine
des filles et des dames d'honneur en nombre qua-
druple de celles qu'avait admises près d'elle Anne
de Bretagne, femme de Louis XII; il établit des
maisons à peu près semblables pour les princesses
de sa famille; dans toutes il multiplia excessive-
ment les officiers : ces maisons étaient des annexes
de la sienne; il agréait ou rejetait les personnes
qui devaient les composer.

Ces innovations changèrent tout à la cour. L'affluence des grands y fut prodigieuse. Les princes de l'église, les prélats y vinrent en foule : on y vit jusqu'à vingt-un cardinaux en même temps ; les archevêques, les évêques n'en sortaient pas ; on ne vit jamais tant de prêtres parmi tant de femmes. Les gradations de rang et la subordination que la multiplicité des officiers de la maison avait fait établir entre eux, amenèrent à marquer aussi des rangs entre les courtisans sans offices, à multiplier les titres et les honneurs qui servaient à les distinguer. L'étiquette qui réglait les services de la maison régla aussi les droits et les devoirs des courtisans volontaires. La cour tout entière fut séparée de la nation par des conditions de naissance, comme l'était la maison ; d'où il arriva que plus tard la roture, la nouvelle noblesse, la noblesse procédant d'une autre origine que les armes, furent exclues de toute communication qui présentât la moindre apparence de relation de société avec les personnes de la famille royale. Le roi, les princes se les interdirent à eux-mêmes, et ne se permirent que des communications à peu près furtives et clandestines avec les personnes de classes inférieures qui leur étaient le plus agréables.

Quelques détails confirmeront l'aspect général sous lequel on vient de voir la maison et la cour de François Iᵉʳ.

PREMIER DÉVELOPPEMENT.

CHANGEMENTS OPÉRÉS DANS LA MAISON DU ROI SOUS FRANÇOIS Ier.
— ÉLIMINATION DES GRANDS OFFICES AUXQUELS ÉTAIENT
ATTACHÉES QUELQUES FONCTIONS D'UTILITÉ PUBLIQUE.

Deux offices avaient encore retenu quelques
fonctions de la couronne, ceux du grand-cham-
brier et du connétable : François Ier les fait disparaître de sa maison.

Le grand-chambrier (*cubicularius*, différent,
comme je l'ai dit, du grand-chambellan, *camera-*
rius), après avoir été deux cents ans un des signa-
taires et des conseillers nécessaires des actes royaux,
avait conservé jusqu'à François Ier rang et séance à
la chambre des pairs, ainsi qu'aux états-généraux.
Ces deux prérogatives se réduisaient à rien sous un
prince qui ne convoquait point de cour des pairs
pour juger les personnes qu'il voulait perdre, qui
ne voulait pas entendre parler d'états-généraux
pour autoriser les impôts. Mais il restait encore au
grand-chambrier un droit important, c'était de
surveiller les recettes et les dépenses de la maison
du roi et celles de l'État ; il avait, de plus, juridiction
sur un grand nombre de professions, et il possédait encore son office à titre de fief. Le droit de
surveillance sur les recettes et dépenses du roi
était au moins importun pour un prince prodigue ;
il suffisait que ce droit pût être exercé avec inté-
grité par un officier inamovible, pour que le roi

voulût s'en affranchir. Il y réussit par un moyen fort simple; il donna la charge au duc d'Orléans son fils. C'était abolir ce qu'elle pouvait avoir d'utile pour la nation. Après l'avoir dépouillée de toute utilité, il lui était aisé de la supprimer : son fils mourut, et il la supprima.

L'office de connétable eut à peu près le même sort. On voit dans Du Tillet que, postérieurement au règne de Philippe-le-Long (il ne dit pas à quelle époque), cet office avait été démembré; qu'on en avait détaché sa fonction primitive, qui était le soin de l'écurie du roi, pour la donner à un *grand-écuyer*, et qu'on avait constitué le connétable chef de l'armée. A l'avènement de François Ier le connétable n'était donc plus officier de la maison; il était grand officier de la couronne. Les maréchaux avaient comme le connétable changé de condition; au lieu de rester officiers des écuries du roi, ils étaient devenus assesseurs du connétable pour le jugement des gens de guerre, et devinrent plus tard juges du *point d'honneur*. Après le jugement ou plutôt la proscription du connétable de Bourbon, le roi fut dix ans sans nommer à la place de connétable : il y nomma ensuite Anne de Montmorenci; mais il devint jaloux de ses succès, et se mettant lui-même à la tête d'une armée, il rendit le commandement de celle qui était confiée à la valeur et à la sagesse d'Anne, illusoire et périlleux, par la contrariété qu'il opposa à toutes ses opérations et à tous ses desseins.

DEUXIÈME DÉVELOPPEMENT.

COMPOSITION DE LA MAISON DU ROI. ANCIENS OFFICES CONSERVÉS.

François Ier fut plus favorable aux officiers de son service qu'à ceux du service public. Le plus considérable, quand il monta sur le trône, était celui qui depuis Louis XI s'appelait le *grand-maître de France*. La fonction du grand-maître de France était alors de garder les clefs du palais, d'y maintenir la propreté et la police, d'y commander une petite troupe pour la sûreté et le bon ordre, de régler le service de la table du roi et de celle de ses commensaux, sans oublier la sienne. Ajoutons qu'il avait juridiction sur plusieurs métiers, tels que les bouchers et les charcutiers. Sa charge lui était inféodée, et il rendait foi et hommage au roi pour en recevoir l'investiture; François Ier changea, sans y prendre garde, l'existence de ce grand officier; et, par le luxe et le nombre immodéré des tables de sa maison et par l'accroissement de sa garde militaire, il en fit un personnage dangereux au moins pour des rois fainéants. Il ne fallait pas moins, dit Brantôme, que six tables à la cour, sous François Ier, et si bien montées que rien n'y manquât; six tables, *servies même dans les forêts et dans les villages*, quand le roi voyageait ou allait à la chasse, *comme si c'eût été à Paris*. Quelle troupe de subordonnés suppose un pareil luxe! et quelle clientelle donne

au grand-maître cette multitude de commensaux
de divers rangs! Sous ses ordres étaient le *mattre-
queux* qui remplaçait le *grand-queux* ou *grand-cui-
sinier*, dont l'office avait été précédemment supprimé; le *grand-bouteiller* ou *eschanson*, et le *grand-
panetier*. Leurs offices, précédemment dépouillés
de leur juridiction, l'un sur les marchands de vin,
l'autre sur les boulangers, et d'autres prérogatives
politiques, telles que la présidence de la chambre
des comptes, qui appartenait au grand eschanson,
étaient néanmoins toujours possédés en fief, sujets à la prestation de foi et hommage, et possédés
par des personnes de haut rang. Ajoutez les *valets*
ou *escuyers tranchants*, les escuyers de cuisine, ap-
pelés depuis gentilshomme servants ou collective-
ment le *serdeau*, les potagers, les hâteurs, les
sauciers, les pâtissiers, les rôtisseurs, etc. C'était
une légion. Mais ce qui accrut la puissance du
grand-maître à un point formidable, ce fut l'aug-
mentation de la garde royale, qui se trouvait dans
le palais sous ses ordres, et sous sa clef. En ga-
gnant cette troupe, il pouvait se rendre maître de
la personne du roi, et en faire son prisonnier.
Anne de Montmorenci, et François et Henri de
Guise ont possédé successivement la place de
grand-maître de France, et ont prouvé par leur
empire sur des rois, très faibles à la vérité, combien, dans le service de cette charge, on était plus
près du commandement que de l'obéissance.

La place de premier chambellan, dénuée de tout

caractère d'office public, hérita des fonctions domestiques du grand-chambrier supprimé.

La place de grand-écuyer de France[1], élevée fort haut par Louis XI, fut maintenue dans son autorité sur les écuries du roi, distraite depuis longtemps de la charge de connétable.

Les offices de grand-veneur de France et de grand fauconnier de France, dont le titre paraît dater du règne de Charles VI[2], furent aussi maintenus dans leurs prérogatives : ils étaient possédés en fief. Le roi donna l'office de grand-fauconnier à René de Cossé, de qui il passa à Timoléon de Cossé, qui le possédait, dit Du Tillet, en 1616[3]; d'où l'on pourrait conclure que ce fief était héréditaire. Il donna l'office de grand-veneur à Claude de Lorraine, duc de Guise, père de François, tué par Poltrot, et aïeul de Henri, assassiné par Henri III : c'est de ce Claude de Lorraine et du cardinal, le grand ami de François Iᵉʳ, que date le pouvoir de cette famille des Guises qui devait être si funeste à la France. La destinée de François Iᵉʳ était de réunir dans sa cour les principes de tous les maux que la France devait éprouver long-temps après lui.

[1] Le grand-écuyer en 1399 grand-maître de l'écurie, sous Charles VIII, *grand-écuyer* (Tanneguy Du Châtel fut ainsi qualifié), *grand-écuyer de France* sous Louis XI (Alain Guyon ainsi qualifié en 1440).

[2] Du Tillet, page 240.

[3] Du Tillet, page 240.

TROISIÈME DÉVELOPPEMENT.

AUGMENTATION D'OFFICIERS ET D'OFFICES.

Les officiers institués par ses prédécesseurs ne
lui suffisaient pas : à son avènement à la couronne,
dit Du Tillet, il institua les gentilshommes de la
chambre *en nombre effréné*, et les chambellans peu
nombreux qu'il avait trouvés, furent convertis en
gentilshommes de la chambre. En 1545, il créa la
charge de premier gentilhomme de la chambre,
avec les attributions dont les officiers ainsi nommés jouissent encore ; il lui donna pour cortége *ce
nombre effréné de gentilshommes ordinaires de la
chambre.*

Sous le règne de François Ier on vit une multitude
de pages, pages de la chambre, pages de la grande
écurie, pages de la vènerie. Ce sont ces pages que
Henri II, fils de François Ier, montrait avec tant de
complaisance à l'écuyer de l'empereur, *comme un
haras qu'il estimoit autant que ses haras de che-
vaux*. Outre ses pages, François Ier avait *des enfants d'honneur : ce qui était plus*, dit Hénault, *que
page de la chambre*.

Nous avons vu que jusqu'à Louis XI les rois
n'avaient eu de garde qu'en guerre, et que Charles VII, son père, n'avait pour sa garde personnelle

---

¹ Brantôme sur Henri II.
² Règne de Henri II, 1547.

que vingt-cinq archers. Louis XI, craintif et re-
doutable, avait établi une maison militaire de
quatre cents hommes, dont deux cents faisaient
la petite garde de son corps : Charles VIII, son suc-
cesseur y avait ajouté une garde de deux cents
arbalétriers à cheval, mais Louis XII les avait ré-
formés. François Ier conserva la maison militaire
de Louis XI, rétablit les deux cents arbalétriers
de Charles VIII, et sa vanité enchérit ainsi sur la
juste défiance de Louis XI contre des grands dont
il ne cessait d'exciter la haine.

QUATRIÈME DÉVELOPPEMENT.

SERVICE DES FEMMES AJOUTÉ A CELUI DES HOMMES DANS LA MAISON ROYALE.

Le plus grand, le plus notable changement de ceux
qui furent introduits dans la maison du roi, celui qui
entraîna le plus de conséquences, fut la composition
de la maison de la reine, de celle de la duchesse
d'Angoulême, mère du roi, de celle de Marguerite
de Valois sa sœur, et des autres princesses de la
maison royale, maisons qui furent annexées à celle
du roi. Anne de Bretagne avait introduit un service de *femmes* et de *filles d'honneur* dans sa maison ; la duchesse d'Angoulême, à son exemple, avait
aussi établi un service de femmes près d'elle. Dès
avant l'avènement de François au trône, cette
complaisante mère avait eu soin de s'entourer

d'une multitude de filles jeunes et belles ; mais, dif-
férente d'Anne de Bretagne, qui élevait son jeune
cortége à la vertu, la duchesse d'Angoulême dres-
sait ses élèves à tous les vices propres à séduire et
captiver son fils. On peut se faire une idée de leur
esprit et de leurs mœurs, par le recueil des contes
de la reine de Navarre, intitulé l'*Heptameron ;* on
y voit quel était le sujet habituel de leurs entre-
tiens. Pour connaître à fond les mœurs de ces
femmes, il suffit de savoir que les maîtresses du roi
étaient au premier rang dans la maison de la reine :
Françoise de Chateaubriant, la première d'entre
elles, était dame d'honneur de sa première femme,
madame Claude de France, fille de Louis XII[1].
La duchesse d'Étampes était dame de sa seconde
femme, Éléonore d'Autriche, sœur de Charles-
Quint : elle donna à *laver* à ce prince quand il
passa en France ; honneur qui lui était fort envié
par Diane de Poitiers, maîtresse de Henri, fils du
roi, après avoir été la sienne.

François Ier quadrupla près de la reine le nombre
des femmes que le service d'Anne de Bretagne avait
réunies près d'elle : il en remplit les maisons des
princesses ; il augmenta le nombre des officiers qui
en faisaient partie ; il étendit à leurs offices les priviléges réservés à ceux de sa maison proprement
dite[2]. Les maisons des princesses devinrent la

[1] Manuscrits de la Bibliothèque du roi.

[2] Septembre 1522. Déclaration de François Ier, que les officiers

société intime du roi ; et l'esprit qui le gouver-
nait n'émanait pas moins de ces maisons que de
celle de la reine.

Les femmes ajoutées au service d'honneur de la
reine et des princesses de la maison royale donnèrent un immense accroissement à la cour; elles
y portèrent un intérêt nouveau, qui se compli-
qua avec l'intérêt ancien; elles donnèrent aux
courtisans un autre mouvement, une autre
direction; elles exaltèrent, concentrèrent l'esprit
de courtisan : ce fut un élément nouveau qui fit
travailler et fermenter tous les autres. Le roi devint le noble sujet des dames; et dès lors il fallut
que la cour, comme le roi lui-même, prît un autre
aspect et un autre caractère. Nous reviendrons,
et longuement peut-être, sur cet aperçu.

L'établissement des femmes à la cour rappelle
ici un grand officier que nous avons indiqué
dans la nomenclature de ceux qui ont composé la
maison de François Ier; c'est le grand-aumônier du
roi, Antoine Sanguin; il était oncle de la duchesse
d'Étampes, sa maîtresse. Le roi le fit *grand-aumônier de France*[1], au lieu de grand-aumônier du

domestiques de madame sa mère jouissent de semblables priviléges que les siens. — Mêmes priviléges octroyés à ceux de la reine
de Navarre, sa sœur, 1525 et 5 décembre 1541. — Mars 1542.
Déclaration que les officiers domestiques et commensaux soient
exempts de toutes contributions, emprunts, impositions. —
1543. Même déclaration en faveur des officiers de la reine.

[1] « Le grand-aumônier, dit Dumont (Cérémonial diploma-

roi ; il le fit cardinal de Meudon, et sembla vouloir couvrir de l'autorité d'un prince de l'église, l'incontinence et l'adultère, seuls principes auxquels le prélat devait son élévation aux dignités.

CINQUIÈME DÉVELOPPEMENT.

CHANGEMENTS DANS L'ORGANISATION DE LA MAISON.

Nous venons de voir, 1° les éliminations d'anciens offices faites par François I⁺⁺ ; 2° les anciens offices qui entrèrent dans la composition de sa maison ; 3° les nouveaux offices qu'il y ajouta ; 4° les nouvelles maisons qu'il annexa à la sienne, et les nouveaux éléments qu'il fit entrer dans la composition de ces maisons. Voyons maintenant quelques détails d'organisation.

Nous avons indiqué un changement qui mérite d'être observé avec attention, parcequ'il eut de

» tique, t. I, p. 436), n'a pris le titre de *grand-aumônier de* » *France* que sous François I⁺⁺, en vertu des lettres du 7 AOUT » 1543. Auparavant il n'avait d'autre titre que celui d'*aumô-* » *nier du roi.* »

Dumont est inexact sur ce dernier point. Geoffroy de Pompadour a été qualifié, en 1486, de *grand-aumônier du roi*, et non simplement d'*aumônier du roi.* Ainsi le changement opéré par François I⁺⁺ a consisté à qualifier de *grand-aumônier de France* le même ecclésiastique qui n'avait que le titre de *grand-aumônier de la maison.* Voici ce que dit sur ce sujet Anselme, dans l'Histoire générale de la maison de France (tome VIII, page 223): « Geoffroy de Pompadour est le premier qui a été

grandes conséquences; le voici. D'abord sous le
règne de François Ier s'établirent des différences de
considération très marquées entre les services dont
les grands s'étaient jusque là, également honorés ;
ces services étaient tous indépendants les uns des
autres ; les seconds dans chaque service étant suppléants des premiers, et non leur subordonnés.
Mais sous François Ier des infériorités d'extraction
s'adaptèrent aux infériorités de places; alors les
services se distinguèrent en supérieurs et en inférieurs, et bientôt en chefs et en subordonnés. En
second lieu, entre les services jusque là attribués
aux gentilshommes exclusivement, une partie fut
déclarée incompatible avec la noblesse et délais-
sée à la roture, ce qui marqua dans la maison du

» qualifié *grand aumônier du roi*, en 1486, sous le règne de
» Charles VIII. Ses successeurs en cette charge ont continué à
» prendre la même qualité, jusqu'à Antoine Sanguin, dit le car-
» dinal de Meudon, qui en fut pourvu par le roi François Ier,
» en 1543, sous le titre de *grand aumônier de France :* ce qui
» a été suivi par tous ceux qui en ont été revêtus après lui. »
   Il est certain, au reste, que, sous le titre de grand-aumônier
de France, on n'a jamais vu ni pu voir un grand officier de la
couronne. La scandaleuse affaire du cardinal de Rohan, *grand-
aumônier de France*, au sujet d'un collier de la reine Marie-
Antoinette, donna lieu à examiner (en 1787) si, en qualité de
grand-aumônier, le cardinal de Rohan avait le droit d'être jugé,
comme les grands officiers de la *couronne*, au parlement, chambres et *pairs assemblés*. Il fut jugé comme grand officier de la
maison seulement, dans les chambres assemblées. (Voyez l'É-
tat de la France. 1736, tome I, page 63.)

roi une distinction entre le service d'honneur et le
service ordinaire.

Louis XII avait laissé en mourant une maison
peu nombreuse, mais honorablement composée.
Le premier état qui fut formé des officiers de
François Ier lui-même, présente des noms aussi illustres pour les moindres offices que pour les plus
grands. Du Tillet nous apprend que « le comte de
La Rochefoucauld estoit simple panetier; son frère,
sieur de Barbesieux, les sieurs de Gyé, Clermont
de Dauphiné, de La Palice, de Pyennes, et le vicomte de Lavedan, eschansons; les sieurs de Clermont-Lodève et de Montpezat, vallets tranchans;
les sieurs de Bazillac, de Panjalz et de Granzay,
mareschaux-des-logis, et autres, d'ancienne et riche noblesse, se tenoient advancez et honorez de
servir à petits gages. » Peut-être tous les officiers
n'étaient pas des seigneurs aussi considérables. De
tout temps, dit encore Du Tillet, il s'est trouvé
parmi ces officiers de grand nom et de grande fortune, quelque *gentilhomme peu riche*, placé par la
bienveillance du prince, soit pour récompense de
quelque service, soit à l'occasion de quelque circonstance heureuse, soit à la suite d'une éducation
commune dont le souvenir était resté agréable au
prince. *Mais ces faveurs ne rebutoient les riches et
de plus grande étoffe*, parcequ'elles étaient rares et
bien placées; elles prouvaient qu'un gentilhomme,
aidé de considération personnelle, n'était point
au-dessous d'un office de la cour, comme la com-

position générale prouvait qu'aucun seigneur ne se croyait au-dessus, *et qu'il n'y a aucun petit lieu au service des rois et roynes.*

Sous François Ier ce système changea. Du Tillet, qui écrivait du temps de Charles IX, et usait de ménagements, en a cependant indiqué les causes. Les profusions de François Ier attiraient les hommes *avides de mauvais gain,* au lieu de ceux *qui avoient à cœur le devoir et l'honneur du service.* Les favoris du prince profitèrent de la multiplicité des offices pour introduire au service de la cour leurs créatures et leurs propres serviteurs. Bientôt la confusion du grand nombre et le mélange des personnes inspirèrent aux seigneurs du dégoût pour des emplois que le prince avait avilis.

Quand les seigneurs ne tinrent plus à honneur égal tout service du roi, il fallut distribuer les offices suivant la gradation des personnes, et dès lors ils se classèrent en plus honorables et moins honorables, les officiers se divisèrent en grands officiers chefs de service, et simples officiers subordonnés aux premiers; au lieu d'être seulement distingués en officiers et grands officiers qui, suppléants les uns des autres et non subordonnés, se tenaient pour égaux en honneurs.

En distinguant ainsi entre les plus honorables et de moins honorables, on avisa que l'office de *valet de chambre,* jusque là rempli par un gentilhomme, ne devait pas être compris entre les honorables, ni les valets de chambre dans les *honneurs.*

Cependant le valet de chambre du roi, homme
de confiance particulière, ne descendait alors,
non plus qu'aujourd'hui, à aucun service bas ou
répugnant. Par exemple, il ne faisait pas la barbe;
les barbiers du roi étaient des serviteurs à part
qui estoient couchés dans l'état de la maison [1]. (Qu'on
me passe ces détails; je touche ici à un point
d'histoire auquel on ne tardera pas à trouver de
l'importance). D'ailleurs le mot de *valet* n'avait point
le même sens qu'aujourd'hui; le titre de valet ou
varlet n'avait été donné jusque vers le règne de
François Ier qu'à de jeunes hommes de condition
noble. Valet vient de varlet, varlet de virlet; virlet
est un diminutif de vir. Long-temps on a dit in-
différemment valet ou varlet, valeton ou varleton.
Que varlet soit ou non une altération de virlet,
et un diminutif de *vir*, toujours est-il certain que
le mot de *varlet* ou *virlet*, dans nos anciens
romans, se disait d'un jeune homme, varleton
d'un plus jeune encore; mais tous de condition
noble, même des enfants de prince et de fils de
roi. En effet, les jeunes hommes sont, dans l'in-
térieur des familles, les serviteurs naturels des
vieux. Aussi voit-on les *virlets* ou *varlets* appliqués
à divers services de la maison: le varlet qui avait
soin des armes, qui portait l'écu en campagne,
c'était le valet *scutifer* ou l'escuyer; le varlet *dapifer*, c'était le valet tranchant; le *varlet*, sans autre

[1] Du Tillet.

titre, était à toutes mains, écuyer en campagne, tranchant dans le château. Du Tillet dit que le mot de *valet* signifiait *écuyer ;* ces mots ne sont pas absolument synonymes comme il l'a cru. Le valet n'était pas toujours écuyer, mais l'écuyer était valet : valet était le terme générique, écuyer était spécial. Mais Du Tillet dit avec raison : « *Ce titre* » *estoit honorable et ne convenoit à roturier*[1]. Guy de » Lusignan, sire d'Archiac, se dit vallet en 1292. » Par autre titre de juin 1269, Gérard Chabot, sire » de Roix, et Sebranz Chabot, se dient vallets. Par » autre de 1246, Guillaume Mangot, sieur de Sur- » gières, se dit vallet ; encore sont nommés *vallets* » *tranchans* pour escuyers tranchans. » Nous avons vu les Clermont-Lodève , les Montpezat, *valets tranchants* dans le premier état de la maison de François Ier. Les valets de nos cartes à jouer portent tous des noms illustres du temps de Charles VI.

Pourquoi donc sous le règne de François Ier le titre de valet de chambre du roi devint-il insup- portable à la noblesse? Le prétexte qu'elle donna fut que ce titre était avili par sa prostitution aux *valets de la garde-robe* ou vestiaire du roi, dont le service se bornait au soin du linge et des habits du prince et ne les approchait jamais de sa personne. Le motif véritable était l'intérêt de cette multitude *effrénée* de gentilshommes de la chambre que le roi avait créés à son avènement, et qui avaient be-

---

[1] Recueil des rois de France, page 418.

soin de se partager quelques attributions de l'office de valet de chambre. La faveur que la vanité du roi accordait aux créatures de sa vanité, le détermina à condescendre à leur répugnance pour la place de valet de chambre, et cette place fut éliminée du service d'honneur, ce qui marqua la distinction de ce service et du service ordinaire, distinction qui était fort ancienne au fond, mais qui n'avait pas encore pris son nom, et n'avait pas encore été précisément déterminée.

L'élimination de la place de valet de chambre donna lieu à quelque embarras et à de nouvelles décisions. La noblesse, déchargée d'une place que son titre lui faisait regarder comme indigne d'un gentilhomme, ne voulut pourtant pas qu'on pût en conclure qu'elle avait jugé le service de la personne du roi indigne de ses empressements. Les officiers du service d'honneur demandèrent donc la faculté de prendre le service du valet de chambre quand ils le jugeraient à propos; les gentilshommes de la chambre obtinrent la faveur de passer la chemise au roi quand ils seraient présents à son habillement. Cette préférence était une véritable dégradation de la place de valet de chambre; on la sauva en décidant que le grand-chambellan aurait la même préférence sur le gentilhomme de la chambre, le prince du sang sur le grand-chambellan, le prince de la famille royale sur le prince du sang, l'héritier présomptif de la couronne sur tout le monde. Le service d'honneur se composa donc, et du service d'ostentation qui lui était propre, et de la partie du service habituel qu'il pouvait avoir occasion de rendre.

D'un autre côté, le roi, ne pouvant plus faire qu'un service dépouillé de ses anciens honneurs fût compris dans le service d'honneur, et qu'ayant été répudié par les nobles il continuât d'être réputé noble, et ne voulant pourtant pas que le service de sa personne cessât d'être un honneur et cessât d'être un service noble, trouva l'expédient de le faire *anoblissant*; et comme la noblesse avait estimé que le mot de *valet* était tombé au-dessous de celui d'*écuyer*, le roi cumula ce titre d'*écuyer* sur celui de valet de chambre, fit le valet de chambre non seulement *noble*, mais *écuyer*, et ordonna qu'il ferait son service *l'épée au côté* : cette décoration, ce titre, marquèrent plus précisément le genre de service jusqu'où pouvait descendre le valet de chambre du roi, et où commençait un service d'un ordre inférieur.

Ce qui se fit pour le valet de chambre eut lieu pour les huissiers de la chambre, pour les valets de la garde-robe, pour les porte-manteaux, pour les officiers de la bouche et du gobelet, des levrettes de la chambre, des faucons et éperviers du cabinet, lesquels tenaient des places intermédiaires entre le service d'honneur qui touchait à la personne du roi et le service purement matériel.

Dans ce nouvel arrangement le service du roi se trouva composé de quatre ordres de personnes :

le *service d'honneur*, le *service noble*, le *service anoblissant*, le *service roturier* [1].

---

[1] Il n'est pas exact de dire que toute espèce de service près du roi ou de la reine fût, comme l'a dit madame Campan, un *service d'honneur*, entrât dans le service d'honneur, ou que le service d'honneur s'étendît à tous les détails du service nécessaire du roi ou de la reine. Cette proposition n'a besoin que d'être énoncée pour être hors de doute. Il est triste que madame Campan ait voulu prouver que la vanité de cour tenait à honneur les services les plus bas, et qu'elle en ait donné pour exemple le service que la dame d'honneur fait près de la reine malade et alitée. Quand la reine prenait médecine, dit-elle, c'était la dame d'honneur qui devait retirer le bassin du lit. Madame Campan oubliait que rien ne peut être bas dans les services rendus aux malades. Au fait, le service d'honneur, qui peut s'étendre à tout ce qui marque du respect et du zèle pour le prince, n'a jamais compris ce qui est bas et répugnant. Le service d'honneur passe la chemise au roi et ne lui met pas les bottes ; il donne à laver les mains et ne fait point la barbe ; il donne un mouchoir blanc et ne relève point le linge sale ; il présente un verre d'eau et ne donne point à laver la bouche, etc. Mais il ne suffit pas que le service n'ait rien d'avilissant pour constituer le service d'honneur ; il faut de plus que l'importance des personnes qui le remplissent en fasse un honneur pour la personne du roi. Ce mot de service d'honneur désigne un service rendu en honneur de la majesté royale, pour honorer la personne du roi, par des personnes qui elles-mêmes reçoivent les honneurs de cour.

Madame Campan aurait pu se récrier ici, et demander comment concevoir que le service d'un sujet honore le roi ; qu'un sujet, quel qu'il soit, se croie en droit de dire qu'il fait au roi l'*honneur* de le servir ? Sans doute on ne peut pas dire qu'un sujet fait au roi l'honneur de le servir, mais on peut dire qu'il lui porte honneur en le servant.

Corneille a dit :

> Je sais ce que l'on doit de respect et d'honneur
> Aux vertus, au courage, et surtout au malheur.

On peut dire dans le même sens : Je sais ce que l'on doit de respect et d'honneur à la majesté royale.

Du Tillet s'exprime ainsi au sujet du service des grands officiers de la maison du roi : « Encore que les rois eussent les » grands officiers de leur maison pour leur service ordinaire, » quelquefois, *pour honorer la solennité de leur sacre et cou-* » *ronnement,* ils faisoient servir lesdits offices, lesdits jours, » par autres de plus haute étoffe et éminence. » Et Du Tillet cite les princes du sang. Voilà bien le service du roi, honorant le roi, lui rendant honneur, lui portant honneur, ajoutant aux honneurs de la solennité qui en réunit le plus de tout son règne. D'un autre côté on conçoit très bien comment un service qui honore le roi, qui ajoute aux honneurs dus au roi, est en même temps un service honorable pour celui qui le rend, et pourquoi l'on dit à la cour qu'un grand cède à un plus grand les honneurs du service : c'est qu'il est honorable de faire ce qu'il n'appartient pas à tout le monde de faire. Il n'appartient pas à tout le monde d'ajouter par son service à la grandeur et à la majesté royale. C'est donc une expression très juste d'appeler *honneur du service* l'exercice de quelque partie du service d'honneur. De sorte que le mot de service d'honneur exprime un service qui honore celui qui le reçoit et celui qui le rend, au lieu que *les honneurs du service* ne désignent que les honneurs dont jouit celui qui le fait : dans cette locution, le *service d'honneur,* l'honneur est pour le roi ; dans cette autre, *les honneurs* du service, l'honneur est pour l'officier qui le fait.

SIXIÈME DÉVELOPPEMENT.

ORGANISATION DE LA COUR PROPREMENT DITE, SOUS FRANÇOIS Ier.

Nous savons ce qu'était la *maison du roi* sous François Ier, et ce qu'elle devint sous ses successeurs. Nous avons remarqué que la *maison du roi* n'était pas la *cour*, mais seulement une partie, ou, si l'on veut, le fond de cette *cour*. La *maison d'honneur* se compose des officiers du service d'*honneur*, c'est la *domesticité* élevée; la *cour* se compose, et de cette domesticité, de ce service, de ces officiers, et de plus, des grands admis dans des relations de société avec le prince, et qu'on appelle courtisans. On écrivait autrefois *court* et non cour; c'est de là qu'est venu *courtisan*. *Court* est-il venu de *cortex*, cortége, comme le croit Roquefort; ou de *cohors*, comme le croit Saumaise, qui fait venir *cohors* de *coorti*, élevés ensemble; ou de *curtis*, cour, enceinte des édifices et bâtiments dépendant d'un manoir, *atrium rusticum*, comme le croit Ducange? Peu importe l'étymologie: dans toutes se retrouve une même idée; c'est que la cour est l'assemblage des personnes qui entourent ou ont la permission d'entourer le roi dans son palais. Or est-il que ces personnes ne se réduisent pas aux officiers de la maison. Voyons donc ce que devint la *cour* quand la maison fut formée.

Cette maison, comme nous l'avons vu, réunissait plusieurs maisons, et plusieurs de ces maisons un

nombreux service de femmes et de filles d'honneur. Ces femmes firent donc partie de la cour, et
dès lors les femmes des officiers, celles des courtisans sans offices y eurent accès. Dès que les
femmes purent y être admises, il fut difficile aux
seigneurs du caractère le plus grave ou le plus
farouche d'en rester éloignés. Une fête annoncée
à la cour, exaltait l'imagination de toutes les jeunes
femmes ; la vivacité, l'importunité de leurs solli-
citations, se joignaient aux invitations du monarque pour déterminer la gravité ou vaincre les
répugnances du chef de la famille. Mais le grand
nombre des seigneurs n'avait pas besoin de sol-
licitations. Le concours des femmes s'augmentant
sans cesse par l'attrait de la cour, l'attrait de la
cour s'accrut par le concours des femmes ; leur
présence, ajoutée à tout ce que la magnificence
royale donnait d'éclat, et à ce que la munificence
royale montrait d'utile, y fit affluer tous ceux
qui pouvaient espérer d'y être admis. Ils voyaient
là des jouissances et des avantages qu'ils ne pouvaient trouver ni chez eux ni chez leurs égaux ;
la réunion de tous les plaisirs qui captivent l'imagination, avec tous les intérêts qui occupent les esprits sérieux ; réunion qui explique pourquoi la
cour qui ne rend pas toujours contents ceux qui
la fréquentent, les empêche de l'être ailleurs[1]. Le
haut clergé se pressa à l'entrée de cette cour ; les

---

[1] La Bruyère.

III.   6

cardinaux, les archevêques, les évêques y étaient
en foule.

Une cour si nombreuse demandait, comme la
maison, un arrangement : l'ordre en tout vaut
mieux que la confusion. Mais pour éviter la confusion dans une cour, il n'est pas nécessaire d'y
mettre tout à l'étroit, d'y tout assujétir avec rigi-
dité, de marquer à chacun sa place, à chaque action son commencement et sa fin, à chaque mouvement sa direction : un tel ordre est celui d'un
cloître. Dans une cour l'ordre s'indique de lui-
même ; chacun en prend bien vite le sentiment,
quand le prince l'éprouve et s'y conforme ; mais
quand le prince se sent disposé à l'oublier, ou n'en
a qu'un faible discernement, il veut des barrières
entre lui et les observateurs par qui il craint d'ê-
tre vu de trop près, ou les compagnons qu'il se
donne dans ses désordres, et dont il craint les
familiarités : ces barrières sont posées par le *cérémonial* et *l'étiquette*.

Deux soins occupèrent François Ier dans l'ordonnance de sa cour : le premier, de séparer le roi des
grands ; le second, de séparer les grands qui fe-
raient partie de sa cour, de tout ce qui n'en serait
pas.

Louis XI s'était le premier, entre les rois de
France, attribué à lui-même *la majesté*; François Ier
fut le premier qui en obtint la reconnaissance de
la part des princes étrangers. Il avait donné le titre
de majesté à Charles-Quint, dans le traité de Cam-

brai, sans le recevoir; il l'obtint de ce prince dans le traité de Crespy. Au camp du Drap-d'Or, son digne ami Henri VIII et lui se donnèrent mutuellement la majesté; et l'un et l'autre l'ont conservée depuis [1].

Des relations diplomatiques, la majesté passa fort aisément dans les relations intérieures des sujets avec le monarque. Pasquier remarque que l'usage en était général sous Henri II, en 1559, douze ans après le règne de François Iᵉʳ. Il s'en indignait avec son ami Pibrac, à qui il adressa sur ce sujet un sonnet dans lequel on lit ces vers :

> On ne parle à la cour que de sa majesté;
> Elle va, elle vient; elle est, elle a été.
> N'est-ce faire tomber la couronne en quenouille ?

« C'est, dit-il dans sa lettre, faire passer le nom »du roi du masculin au féminin... Nos ancêtres »n'en usèrent ainsi, et m'asseure qu'ils n'en respec- »toient avecq' moins de dévotion leurs rois que » nous [2]. »

Mais revenons à François Iᵉʳ. Bientôt il fut interdit par l'étiquette de parler en phrases directes à sa majesté; il fallut prendre la troisième personne : on ne put pas même dire vôtre majesté; on dit sa majesté. On prit la forme oblique qui dispense celui à qui l'on parle de faire une réponse, qui fait

[1] Histoire de François Iᵉʳ, par Gaillard, t. VII, p. 229.
[2] Recherches de la France, livre VII, pages 283 et 284.

mieux encore, qui annonce qu'on ne se flatte pas
même d'être écouté.

Il fut interdit aux femmes de rien présenter au
roi, ou de rien recevoir de sa main sans la baiser[1].
C'étaient les femmes qui, au grand couvert, donnaient au roi la serviette mouillée[2]. Les femmes
étaient assises par terre dans la chambre de la
reine[3]. Ces sujétions orientales et d'autres étaient
imposées par l'étiquette.

Les personnes royales étant ainsi séparées de
celles qui étaient ou pouvaient être admises près
de leurs majestés, il fallut séparer celles-ci de celles
qui ne devaient pas l'être.

Avant le règne de François Ier, les preuves de
noblesse pour entrer dans la *maison du roi*, consistaient en de simples traditions, qui étaient constatées par enquête, et souvent par la commune re-
nommée. Point de généalogies, point de généalogistes ; les premiers qu'on connaisse se voient après le
règne de François Ier, vers la fin du seizième siècle. De
plus, les preuves n'étaient point exigées à compter
d'une époque précise ; elles devaient être d'une
certaine ancienneté et à peu près pareilles, mais
non d'une même année et d'un même jour : il suffisait pour les arrivants, que l'opinion les rangeât
sur la même ligne que les officiers en place. On demandait de cent à cent trente, à cent quarante ans

[1] Brantôme.
[2] *Idem.*
[3] *Idem.*

de noblesse notoire : c'était l'équivalent d'une suc-
cession de quatre à cinq générations ; c'était le
temps suffisant pour que l'aspirant ne fût pas ex-
posé à s'entendre réclamé comme cousin, comme
neveu, par quelque malheureux plébéien. C'est cette
noblesse séculaire qui est le fonds des preuves
exigées pour des institutions nobiliaires de nouvelle création, et qui paraît l'avoir toujours été.
La possession séculaire de la noblesse équivaut
aux titres, et a souvent suffi pour en créer.

La noblesse d'armes était alors la seule admise ;
il fallait qu'elle fût sans mélange, et il fallait qu'on
n'en vît pas le commencement, à quelque époque
qu'on en montrât l'existence : mais c'étaient les traditions de cour qui le voulaient ainsi, et aucune
règle n'était écrite sur ce sujet ; aucun officier spécial n'était chargé de maintenir la sévérité des traditions, aucun registre public ne tenait note des
preuves produites par les aspirants ou prétendants.
Il n'existait point, il n'a jamais existé en France de
matricule de la noblesse.

Tout ce système de preuves concernait l'admission dans la maison du roi ; il était encore plus va-
gue et moins sévère en ce qui regardait l'admission
à la cour. Du règne de François Iᵉʳ datent le positif
et la précision établis à la cour en cette matière ;
l'arbitraire en fut banni, l'incertain fut éclairci :
François Iᵉʳ y régla tout. Il voulut que les preuves
à faire pour être admis à la cour remontassent à
l'année 1400 ; c'était à cent quinze ans avant le

commencement de son règne. Il eut l'attention de
n'exiger cette preuve que dans la ligne masculine :
dispenser les courtisans de lui présenter des femmes
nobles, c'était les inviter à en prendre de riches et
de belles ; soin digne d'un prince voluptueux et
prodigue.

Les généalogies commencèrent à être en usage ;
un généalogiste royal fut institué. La présentation
des femmes fut établie ; l'admission des hommes
fut marquée par la permission de monter dans les
carrosses du roi. Des titres furent exigés sur chacun des degrés nécessaires pour atteindre à 1400.
Il fut ordonné au généalogiste de rejeter les actes
qui indiqueraient un anoblissement par charge de
robe ou autre, ou par titres *.

Alors finirent pour jamais les aimables familiarités que les reines et princesses se permettaient
souvent, dans la vie privée, avec des femmes de
notables bourgeois, avant que le règne des jeunes

' Il m'a été impossible de me procurer les ordonnances de
François I⁰ʳ sur ce sujet ; mais j'en présume la date, 1° parceque les écrivains versés dans la science héraldique, notamment Robinet (Bibliothèque de l'homme d'État), trouvent *vers
la fin du seizième siècle* les premières généalogies connues ; or
François I⁰ʳ est mort au milieu du seizième siècle ; 2° parceque
dans les règnes subséquents, particulièrement sous celui de
Charles IX, on voit des instructions de Catherine de Médicis
sur les honneurs de cour établis de son temps ; il régna peu
d'années après François I⁰ʳ, son père. 3° On trouve ces règles
rappelées dans une ordonnance de Louis XV, du 17 avril 1760,
fondée *sur l'exemple de ses prédécesseurs*.

femmes et filles de qualité fût établi à la cour. « Nos
mœurs sont bien changées depuis deux cents ans »
disait en 1670 Argonne, sous le nom de Philippe
de Marville. Il rappelle que nos rois allaient manger à la ville et à la campagne avec leurs sujets ;
il cite Louis XI qui, en 1462, alla dîner chez
Mᵉ Guillaume de Corbie, conseiller au parlement ;
en 1477, à Ablon-sur-Seine, chez son ami un élu
de Paris ; une autre année chez Denis Hesselin, autre élu de Paris, son compère. Argonne raconte
ensuite « que le jeudi 7 septembre 1467, la reine,
» accompagnée de madame de Bourbon et made-
» moiselle Bonne de Savoie, sœur de la reine et sa
» compagnie, soupèrent dans l'hôtel de Mᵉ Jean
» Dausset, premier président au parlement, et que
» de beaux bains étaient préparés (le bain en ce
» temps-là faisait partie des fêtes) ; que la reine se
» sentant mal disposée ne se baigna point ; mais que
» madame de Bourbon et mademoiselle de Savoie
» se baignèrent dans l'un des bains, et madame de
» Montglat avec *Perrette de Châlons* dans l'autre. »
Perrette de Châlons était une belle bourgeoise qui
se trouvait à toutes les fêtes, et qu'on retrouve encore dans un autre récit d'Argonne, relatif à un
dîner donné au roi par Armenonville, trésorier des
finances ; dîner où se trouvait avec mademoiselle
d'Armenonville, la duchesse de Longueil, « *et pour
» bourgeoises*, dit le narrateur, Estiennette de Paris,
» Perrette de Châlons et Jeanne Baillette, ce qui
» nous apprend que les bourgeoises de ce temps-là

» faisoient comparaison avec les plus grandes da-
» mes... Les reines de ces temps-là, aussi bien que
» les rois, se familiarisoient fort aisément. » Henri IV a repris de ces habitudes anciennes; mais, dit
Argonne, il a fermé la porte aux familiarités des
vieux siècles [1].

Après avoir marqué des distances entre la royauté
et la cour, entre la cour et la ville, entre la noblesse de cour et la noblesse inférieure, il fallait en
marquer entre les courtisans eux-mêmes. L'égalité
eût été une déchéance pour quelques grands de
première ligne. D'ailleurs les gradations sont utiles
au pouvoir; elles excitent dans les inférieurs l'ambition de s'élever; elles font jouer sur le grand
nombre la crainte de l'oubli et l'espérance de l'a-
vancement; elles entretiennent dans toutes les âmes
l'émulation de plaire qui va toujours au-delà de
la soumission : au lieu que l'égalité, qui blesse les
plus grands, suffit à la vanité de tous les autres,
et laisse en repos et leur ambition et le désir de se
faire remarquer par leurs empressements.

La gradation des rangs se trouvait établie dans
l'Etat par la féodalité. François Ier la perfectionna à
sa manière; il multiplia les degrés et les rapprocha :
son instinct lui faisait sentir combien la multiplicité et le rapprochement des degrés étaient propres
à entretenir et échauffer l'esprit des courtisans.

[1] Mélanges d'histoire et de littérature de Vigneul Marville,
tom. III, page 334 et suiv.

La féodalité, qu'il ne faut pas confondre, comme nous l'avons dit, avec le gouvernement féodal, avait établi, sous la première race, des barons ou seigneurs de différents degrés. Le roi avait fait de plusieurs de ces barons des ducs et des comtes pour gouverner les provinces. Ceux de ces ducs ou comtes qui gouvernaient des provinces frontières de l'étranger, étaient chargés de faire respecter les limites, bornes ou *marques*, qui les séparaient du territoire limitrophe : en conséquence ils joignaient à leur qualité le titre de *marquis*, ou gardes des *marques* établies sur les frontières. Il y eut aussi des marquis qui n'étaient ni ducs ni comtes, mais leurs subordonnés.

Sous la deuxième race, les ducs et comtes s'érigèrent en souverains ; ce fut alors que la féodalité devint le *gouvernement féodal*. Sous ce régime nouveau, le titre et la fonction de *marquis* disparurent. Les ducs, les comtes, s'étant faits souverains, leurs Etats étaient frontières les uns des autres : il n'y avait plus lieu à la conservation des frontières du royaume du côté de l'étranger, puisqu'ils étaient eux-mêmes étrangers à l'égard du territoire qui restait au roi de France. Aussi durant tout le gouvernement féodal, à compter de Charles-le-Simple, on ne voit pas de marquis en France ; ce titre n'y fut porté par personne pendant plus de cinq siècles.

Sous la troisième race, les grands fiefs furent successivement réunis à la couronne ; mais les titres de duc et de comte, sous lesquels ils avaient été possédés, furent conservés : leur souveraineté fut convertie en *duché-pairie*. Ainsi quand François I⁹ monta sur le trône, la France reconnaissait des ducs et pairs, des comtes et pairs ; elle reconnaissait aussi des ducs, des comtes, quelques princes et des barons que lui avait transmis le gouvernement féodal, avec des duchés, des comtés, des principautés et des baronnies : il n'y avait été ajouté que le duché de Longueville, créé par Louis XII, et deux marquisats, celui de Trans, créé aussi par Louis XII, et celui de Nesle, créé postérieurement.

François I⁹ créa durant son règne six duchés : le duché-pairie du Vandômois, le 14 mars 1514 ; le duché de Guise, au mois de janvier 1527 ; celui d'Étampes, pour la Pisseleu, sa maîtresse, en 1536 ; le duché-pairie de Nevers, en janvier 1538, et dans la même année le duché-pairie de Montpensier ; celui d'Aumale, en 1547. Cette année est celle de la mort de François I⁹⁹. Ce fut cinq ans après, en 1552, que la baronnie de Montmorenci fut érigée en duché-pairie. L'exemple de François I⁹⁹ a été suivi par ses successeurs. Le cardinal Mazarin se faisait un jeu, durant la minorité de Louis XIV, de multiplier les ducs ; les mémoires de La Farre rapportent qu'il disait : J'en ferai tant qu'il sera ridicule de l'être et de ne l'être pas. Louis XIV lui-même, vers 1664, fit quatorze ducs et pairs, et quelques années après, quatre autres encore.

Nous voyons déjà, sous le règne de François I⁹⁹, deux dignités de grade différent sous le titre de duc :

le duc et pair, et le duc possédant un duché sans
la pairie; ajoutons en un troisième, c'est celui des
ducs à brevet, c'est-à-dire des ducs sans duchés.
L'expédient des brevets fut porté loin sous ce règne; il s'étendit à toutes les qualités : on fit des
comtes à brevet, des princes à brevet, des barons
à brevet, des chevaliers, des écuyers à brevet. Cet
abus entra en France avec les marquis d'Italie dont
nous parlerons dans un moment.

Les comtes venaient après les ducs entre les dignités féodales [1].

Après les comtes venaient les princes. « Les di-
» gnités de prince de Chabanais, de Marillac, de
» Talmon, et autres, dit La Roque, sont mouvantes
» de comtés ; aussi l'on tient que ces principautés,
» entre les dignités féodales, étaient inférieures aux
» comtés [2]. »

Les brevets ont multiplié les comtes et les princes, comme ils ont multiplié les ducs.

Il faut remarquer que la gradation féodale établie par la mouvance des principautés à l'égard des
comtés, fut intervertie par le système qui marqua
les rangs entre les dignités de prince et de comte
à brevet. Les princes à brevet furent créés non par
analogie avec les princes à fiefs, mais par analogie

[1] La Roque, des Dignités féodales et politiques, chap. 83,
page 297.

[2] La Roque, des Dignités féodales et politiques, chap. 83,
page 297. Cet ordre a été interrompu sous Henri IV, par l'érection du comté d'Épinai en principauté.

avec des princes de famille souveraine; de sorte
que le titre de prince fut donné comme supérieur non seulement à celui de comte, mais même
à celui de duc et de duc et pair, quoique aucune
réalité n'accompagnât cet avantage de rang.

Ces brevets de prince se sont donnés à des
princes nés de maisons souveraines, comme les
princes lorrains, comme ceux de Luxembourg et
de Foix; ou à des grands « qui ont toujours *côtoyé la
souveraineté par mariage et alliances de filles de rois*,
tels que ceux de la maison de Rohan; ou à d'autres
personnages de noms illustres *dont les femmes pouvaient porter hermine mouchetée*, comme celles de La
Trimouille, de Laval, de Rieux, de Bretagne; ou à
enfin d'autres qui se sont mis en ce rang, par de
grands états, rangs et faveurs qu'ils ont reçus des
rois [1]. »

C'est ici le lieu de parler des marquis. J'ai dit
qu'il n'en existait que deux avant le règne de François Ier, le marquis de Trans et le marquis de Nesle.
Catherine de Médicis vint en France en 1533, et
fut mariée à Henri, fils puîné du roi, qui depuis
fut Henri II. Alors arrivèrent à sa suite des marquis d'Italie; ils furent accueillis et favorisés
du roi comme tout ce qui appartenait à Catherine,
sa bru bien-aimée [2]. Catherine, devenue reine, en-

[1] Voir le Cérémonial manuscrit de Théodose et Denis Go-
defroy, tome III, page 191. Ce manuscrit est à la Bibliothèque
de l'Institut.

[2] Brantôme.

suite régente, les combla de faveurs : plusieurs se
fixèrent en France; ils prirent à la cour le rang qu'ils
avaient en Italie, après les ducs, avant les comtes.

L'introduction des marquis et leur distinction à
la cour blessa des droits bien établis, et mit en
mouvement tous les amours-propres. Les comtes
qui avaient dans leur mouvance des princes, ces
princes, les barons, se voyaient tous reculés d'un
rang ; les comtes à pairie voyaient entre les ducs et
pairs et eux, un rang intermédiaire, au moins dans
l'opinion : cette intolérable innovation fit que chacun à la cour voulut monter d'un degré, et beaucoup les franchir tous de plein saut. On demanda
en foule l'érection des marquisats en duchés, des
comtés en marquisats, des baronnies en comtés ;
on sollicitait pour de simples seigneuries l'érection en marquisats et en duchés. L'importunité
devint si grande, que peu après le règne de François Ier, Charles IX, son petit-fils, fut obligé de
la modérer et d'en prévenir les conséquences.
Pour cet effet un édit, de juillet 1566, ordonna
que les terres érigées sous un nouveau titre, seraient reversibles à la couronne, au défaut d'héritiers mâles. Les premiers états de Blois demandèrent, sous Henri III, la confirmation de l'édit
de Charles IX, et en 1579 ce prince le confirma par
l'article 279 de la loi donnée sur les cahiers des
états.

Sous le règne du même Henri III, un arrêt du
conseil privé, du 15 mars 1578, et une déclaration

du 17 août 1579[1], défendent de faire aucune érection de seigneuries en nouvelles dignités, que les impétrants ne soient de qualité requise, et que l'érection ne soit conforme aux coutumes.

La châtellenie, suivant l'arrêt du 15 mars 1579, devait avoir d'ancienneté, haute, moyenne et basse justice, marché, foire, église, etc., et être tenue à un seul hommage du roi ;

La baronnie devait être composée de trois châtellenies ;

Le comté, de deux baronnies et trois châtellenies, ou d'une baronnie et six châtellenies ;

Le marquisat, de trois baronnies et trois châtellenies, ou deux baronnies et six châtellenies.

Ces règlements, s'ils furent exécutés, tombèrent bientôt en désuétude. Mais ce qui fit des titres de marquis une calamité nationale, ce fut qu'une multitude d'aventuriers italiens, sous prétexte qu'ils n'avaient pas de terres en France, ayant obtenu des brevets de marquis, une foule de Français, sans naissance et sans seigneuries, en sollicitèrent, en achetèrent, en obtinrent. Ces exemples redoublèrent l'empressement et les facilités pour toutes les dignités à brevet. La contagion des marquis à brevet remplit la France de princes sans principauté, de ducs sans duchés, de comtes sans comté, de chevaliers sans la moindre impression

---

[1] Ces arrêts sont cités par La Roque, Traité de la noblesse.

de chevalerie, et d'écuyers sans rapport avec aucun chevalier.

Ces brevets s'accordaient d'autant plus facilement qu'ils étaient sans autre conséquence que de charger la société du poids de vanités ridicules, et d'en infecter la jeunesse. Point d'exemption d'impôt, point d'honneurs particuliers, point d'entrée à la cour, point d'accès dans les corps privilégiés qui exigeaient des preuves; pas même le droit de se produire devant les tribunaux: jamais un marquis à brevet, un comte, un chevalier à brevet n'eût osé prendre son titre à l'audience d'un parlement. Il fallait des titres autorisés par quelque loi, ou qui en eussent la forme, pour faire passer de l'état de simple citoyen à celui de noble, et même de noble à celui de noble qualifié. Un brevet n'avait pas plus d'autorité qu'une lettre close, et ne suffisait pas pour conférer une dignité légale.

Les brevets sans conséquence amenèrent un dernier abus qui comblait la mesure, ce furent les qualifications sans brevet ; et comme les brevets de marquis étaient les premiers et les plus nombreux, et que l'exemple des aventuriers italiens enhardissait les aventuriers français, le titre de marquis fut celui que l'usurpation multiplia davantage. Les basses vanités faisaient ce raisonnement : Puisque de simples brevets ne confèrent pas de titre légal, qu'est-il besoin de tels brevets pour porter ces titres? quelle raison a-t-on de se refuser ces titres sans avoir de brevet?

Pour confirmer ce qui vient d'être dit sur la
nouveauté des marquis en France, nous citerons
l'autorité de deux livres consacrés à l'histoire nobiliaire de France, La Roque et Moréri. Voici
ce que dit La Roque dans son Traité de la noblesse, publié en 1678 : « Le titre de marquis
» est commun en Italie... Ce même titre est aussi
» ancien en Allemagne; *mais il est moderne* en
» France; » et il cite l'érection de la baronnie
de Trans, en Provence, comme la plus ancienne
qu'il connaisse. J'ai déjà dit qu'elle avait été
créée par Louis XII : la position de Trans, à l'ex-
trémité de la Provence, avait aisément persuadé
à Louis XII que cette seigneurie avait été marquisat sous la première race. Moréri s'exprime ainsi
à l'article d'Antoine Villeneuve, *marquis de Trans* :
« La baronnie de Trans est érigée en marquisat en
» 1605; *c'est la première terre en France décorée de
ce titre avec enregistrement au parlement*. » Avant
de rencontrer ces autorités, j'avais observé que
notre histoire, depuis la naissance du gouvernement féodal jusqu'à François Iᵉʳ, ne présentait pas
un seul nom propre accompagné du titre de marquis; et cette observation paraît être concluante.
J'avais remarqué aussi que la pairie a été attachée
à plusieurs comtés, tels que ceux de Mortain, d'Eu,
d'Évreux, et qu'on ne peut citer de marquisat-

---

[1] Chapitre 83, page 297.
[2] Tome X, pages 314 et 632.

pairie; qu'on n'a point vu de marquis entre les grands-officiers de la couronne; que les princes du sang et de la famille royale ont souvent porté le titre de comte, et jamais celui de marquis. Je ne m'en suis pas tenu là; j'ai extrait de là liste des chevaliers des ordres du roi (de Saint-Michel et du Saint-Esprit) le nom de tous les marquis à qui ils ont été conférés depuis la création de l'ordre du Saint-Esprit, par Henri III, en 1578, jusqu'en 1680, c'est-à-dire pendant cent ans : il s'en est trouvé soixante-cinq; c'étaient sans doute des plus illustres. J'ai cherché ensuite dans le dictionnaire de Moréri la généalogie de tous ces noms, et je n'en ai pas trouvé un seul auquel le titre de marquis fût attaché avant la fin du règne de François Ier, et dont la terre, soit comté, baronnie ou simple seigneurie, ait été qualifiée de marquisat avant la même époque.

En ce qui regarde la déconsidération du titre de marquis, on connaît la lettre de la marquise de Sévigné à son cousin, le comte de Bussy-Rabutin, qui l'avait priée de ne plus l'appeler *comte*, et lui disait qu'il était las de l'être. Elle l'assure qu'elle n'a encore vu personne qui se crût déshonoré de ce titre; mais elle avoue qu'il n'en est pas de même du titre de marquis. « Le titre de comte, » dit-elle, n'a point été profané comme celui de » marquis; quand un homme veut usurper un titre, » ce n'est point celui de comte, c'est celui de mar- » quis, qui est tellement gâté, qu'en vérité je par- » donne à ceux qui l'ont abandonné; mais pour

» comte, etc. » Profané, usurpé, gâté, abandonné,
voilà le témoignage que rend madame de Sévigné
du titre de marquis; elle écrivait en 1675.

C'était dans le même temps que Molière égayait
Louis XIV et Paris aux dépens des marquis : les
rires qu'il excitait prouvent qu'il exprimait le
sentiment général ; car on ne fait pas rire le public
malgré lui. Le plaisir que le roi prenait à ses comédies prouve que le roi pensait des marquis
comme le public ; l'*Impromptu de Versaailles* ne
permet pas d'en douter. Cette pièce fut composée
pour être jouée devant le roi, qui avait donné
quelques jours seulement à l'auteur pour lui faire
une pièce nouvelle. L'auteur met en scène les co-
médiens de sa troupe, sa femme, qui en faisait partie, et lui-même; et c'est leur embarras pour se
mettre dans trois jours en état de représenter devant le roi une comédie nouvelle, qui est le sujet
de l'*Impromptu de Versailles*. Dans la première
scène, Molière s'adresse à Lagrange, un de ses ca-
marades, et lui dit : Vous, prenez bien garde à bien
représenter avec moi votre rôle de *marquis*. Madame Molière, sa femme, qui avait ses raisons pour
prendre le parti de ce qu'elle croyait être des hommes de qualité, l'interrompt en s'écriant : « Toujours
» des marquis! — Oui, répond-il, toujours des mar-
» quis. Que diable voulez-vous qu'on prenne pour
» un caractère agréable de théâtre ? Le marquis au-
» jourd'hui est le plaisant de la comédie; et comme
» dans toutes les comédies anciennes on voit tou-

» jours un valet bouffon qui fait rire les auditeurs,
• de même dans toutes nos pièces de maintenant,
» il faut toujours un marquis ridicule qui divertisse
» la compagnie. »

Cela fut dit devant le roi et la cour.

La satisfaction que le roi témoigna à la repré-
sentation de l'*Impromptu* prouve que Molière, non
seulement exprimait l'opinion du prince et même
de sa cour, mais exprimait aussi celle du public ;
car Louis XIV était trop ami des bienséances pour
rire publiquement de personnages qui n'auraient
fait rire que lui. Pourquoi le public en riait-il ?
pourquoi le roi en riait-il avec le public ? Les motifs du roi étaient dans la chose même. Les marquis
étaient modernes, et la nouveauté est un ridicule
en fait de noblesse ; ils étaient la création des Italiens et des Italiennes qui ont gouverné la France
depuis Catherine de Médicis, bru de François Ier,
jusqu'au cardinal Mazarin ; et Louis XIV avait du
dégoût pour tout ce qui venait de cette source. Le
petit nombre de seigneurs qui avait préféré un
titre étranger à des titres inhérents, comme ceux
de comte et de baron, à l'antique monarchie, soit
pour faire leur cour aux Italiennes ou aux Italiens
par qui la France était gouvernée, soit pour gagner
un rang sur leurs pairs, devaient lui paraître, ainsi
qu'à la noblesse de la cour, fort ridicules, surtout depuis qu'ils s'étaient trouvés mêlés avec les
parvenus et les aventuriers qui s'étaient fait re-
vêtir ou s'étaient revêtus du même titre qu'eux.

Les motifs communs au monarque, à la cour et au public, étaient ce mélange d'hommes de toute condition, qui, sous le titre de marquis, inondaient la société, fatiguaient les gens sensés de leurs prétentions, infectaient la jeunesse de leurs mœurs, de leurs manières, de leur langage, tournaient la tête aux femmes, en un mot, ajoutaient leur maligne influence aux causes déjà trop actives de la corruption générale[1].

[1] Voyez ci-après une note en réponse à une opinion de M. Aimé Martin concernant les motifs de Molière et de Louis XIV à l'égard des marquis. C'est des marquis que date en France la vermine des petits-maîtres. « On n'a rien vu de » semblable en France, dit Vigneul-Marville, t. I, p. 314, » que depuis François I". Henri III donna beaucoup de cré- » dit aux petits-maîtres, et ce sont eux que l'on appelait les » mignons de cette cour, qui était très corrompue. »

PREMIÈRE NOTE,
QUI SE RAPPORTE A LA PAGE 98.

LISTE DES MARQUIS QUI FURENT CRÉÉS CHEVALIERS DU SAINT-ESPRIT
PENDANT CENT ANNÉES, A COMPTER DE LA CRÉATION DE L'ORDRE.

LE 31 DÉCEMBRE 1578.

Honorat de Savoie, maréchal et amiral de France, *marquis de Villars*. Son père, René de Savoie, était *comte de Villars*.

Jacques, sire d'Humières et de Mouchi, *marquis d'Ancre*. Le *marquisat d'Ancre* fut créé pour son fils Charles.

Christophe-Juvénal des Ursins, gouverneur de Paris, *marquis de Trainel*. Fils du *baron de Trainel*. Trainel n'avait été qualifié que de baronnie dans les titres de tous ses ancêtres.

LE 31 DÉCEMBRE 1583.

Jean de Vivonne, sénéchal de Saintonge, *marquis de Pisani*, hérita la *seigneurie de Pisani* de son père Arthus de Vivonne, qui l'avait reçue en don de Hélie de Torette, *seigneur de Pisani*.

LE 31 DÉCEMBRE 1585.

François Chabot, *marquis de Mirebeau*. Tenait ce bien de sa mère, qui se qualifiait *dame de Mirebeau*, et non marquise.

Gilles de Souvré, maréchal de France, *marquis de Courtenveaux*. Son père, Antoine, prenait le titre de *seigneur de Courtenveaux*.

François d'Escoubleau, seigneur de Jouy, depuis *marquis d'Allaye*. Titre créé pour lui.

LE 7 JANVIER 1595.

Antoine de Brichanteau, *marquis de Nangis*. Les Brichanteau furent qualifiés *seigneurs de Nangis* jusqu'à Henri III.

Jean de Beaumanoir, *marquis de Lavardin*. Avant 1586 les Beaumanoir n'étaient qualifiés que de *seigneurs de Lavardin*.

François de la Magdelein, *marquis de Ragni*. Ce nom ne se trouve pas dans *Moréri*.

Charles de Choiseul, *marquis de Praslin*. Son père, mort en 1569, ne prenait que le titre de *seigneur de Praslin*.

LE 7 JANVIER 1597.

Urbin de Laval, seigneur de Bois-Dauphin, maréchal de France, *marquis de Sablé*. On ne voit pas dans *Moréri* d'où lui vient *Sablé*.

Jacques Chabot, comte de Charni, etc., *marquis de Mirabeau*. L'aïeule de Jacques Chabot, Françoise de Longin, se qualifie simplement *dame de Mirabeau*, en 1526. François Chabot, son fils, prit le premier le titre de *marquis*.

Louis de l'Hospital, *marquis de Vitri*, fils de François l'Hospital, *seigneur de Vitri*, en 1540.

Pons de Lauzières, Thémines, Cardaillac, *marquis de Thémines*, fils de Jean, *seigneur de Thémines*, en 1576.

Antoine d'Aumont de Châteauroux, *marquis de Nolai*, fils de Jean IV, *seigneur de Nolai*, en 1562.

LE 3 JANVIER 1599.

René de Rieux, seigneur de Sourdéac, *marquis d'Oixant*, fils de René, possesseur de l'*Ile d'Ouessant*, érigée en *marquisat* en 1599.

Brandelis de Champagne, *marquis de Vilaine*. (Ne s'est pas trouvé dans *Moréri*.)

Jacques de l'Hospital, *marquis de Choisi*, fils de Jean de l'Hospital, qui prenait le titre de *comte de Choisi*, en 1547.

François-Juvénal des Ursins, *marquis de Trainel*. (Voyez l'article *Christophe*, ci-dessus page 97.)

EN 1618.

René du Bec, *marquis de Vardes*, fils de Pierre du Bec, *seigneur de Vardes*.

Henri, vicomte de Bourdeilles, *marquis d'Archiac*. (Ne s'est pas trouvé dans *Moréri*.)

Jean-Baptiste d'Ornano, *marquis de Montlor*, tenait cette terre de sa femme, Marie de Raymond, née *comtesse de Montlor*, morte en 1626.

Henri de Beaufremont, *marquis de Sennecey*, fils de Claude de Beaufremont, *baron de Sennecey*, mort en 1596.

Charles d'Augennes, *marquis de Rambouillet*. (Ne s'est pas trouvé dans *Moréri*.)

Louis de Crevant, vicomte de Brigueil, *marquis d'Humières*. Sa femme était fille de Jacques, *sire d'Humières*. Il tenait d'elle ce marquisat.

Léonor de la Magdeleine, *marquis de Ragni*. (Ne s'est pas trouvé dans *Moréri*.)

Melchior, Mitte de Miolans, *marquis de Saint-Chaumont*, fils de Jacques Mitte, *seigneur de Saint-Chaumont*.

Nicolas de Brichanteau, *marquis de Nangis*. Son aïeul Nicolas, *seigneur de Nangis*, mourut en 1562.

Nicolas de l'Hospital, *marquis*, puis duc *de Vitri*, petit-fils de François de l'Hospital, *seigneur de Vitri*, qui vivait sous le règne de François Ier.

Jean de Souvré, *marquis de Courtenveaux*. (Voyez l'article *Gilles*, à la page précédente.)

Louis de la Marck, *marquis de Mauni*. On voit *Mauni* qualifié de baronnie en 1538.

Charles, *marquis*, puis duc de *La Vieuville*. Ce fut en faveur de son père Robert que la terre de *Sy* fut érigée en *marquisat* sous le nom de *La Vieuville*, vers 1580 ou 1600.

Louis d'Aloigny, *marquis de Rochefort*, est le premier de sa famille qui ait pris le titre de *marquis* de Rochefort; avant lui ce n'étaient que les *seigneurs*.

Alexandre de Rohan, *marquis de Marigni*. On ne trouve pas ce titre de *Marigni* dans ceux de ses prédécesseurs.

Antoine-Hercule de Budos, *marquis de Portes*. (Ne s'est pas trouvé dans *Moréri*.)

EN 1625.

Antoine Coiffier, dit Ruzé, *marquis d'Effiat*, petit-fils de Gilbert Coiffier, *seigneur d'Effiat*, etc., trésorier en 1538.

LE 14 MAI 1633.

François-Annibal d'Estrées, *marquis de Cœuvres*, petit-fils de Jean d'Estrées, *seigneur de Cœuvres*, etc. Mort en 1567.

Henri de Saint-Nectaire, *marquis de La Ferté-Nabert*. Son père François était *seigneur et comte de La Ferté-Nabert*. Mort en 1588.

René aux Épaules, dit de Laval, maréchal de camp, *marquis de Nesle*. C'est le troisième fils de René II qui, ayant épousé la fille de Bertrand-André de Mouchi, *marquis de Montcarvel*, et de *Marguerite aux Épaules*, dite de Laval, *marquise de Nesle*, prit le nom de *marquis de Nesle* en 1648.

Guillaume Simiane, *marquis de Gordes*. Un Charles-Jean-Baptiste de Simiane, mort en 1677, était petit-fils de Bertrand de Simiane, *seigneur de Gordes*.

François de Nagu, *marquis de Varennes*. (Ne s'est pas trouvé dans *Moréri*.)

Urbain de Maillé, *marquis de Brézé*, fils de Charles de Maillé, *seigneur de Brézé*, marié en 1597.

Charles de Livron, *marquis de Bourbonne*. (Ne s'est pas trouvé dans *Moréri*.)

Louis, vicomte, puis duc d'Arpajon, *marquis de Sévérac*, fils de Jean IV, *baron de Sévérac*.

François de Wignerot, *marquis de Pont-Courlai*, fils de René Wignerot, *seigneur du Pont de Courlai*.

Charles de La Porte, *marquis*, puis duc de *La Meilleraye*, fils de Charles de La Porte, qui acquit *la terre de La Meilleraye*.

Gabriel de Rochechouart, *marquis de Mortemart*, petit-fils de René de Rochechouart, *baron de Mortemart*, mort en 1587.

Hector de Gelas et de Voisins, *marquis de Laberon et d'Ambres.* (Ne s'est pas trouvé dans *Moréri.*)

Henri de Beaudeau, comte de Peralen, *marquis de Lamothe-Sainte-Éraye.* (Ne s'est pas trouvé dans *Moréri.*)

Jean de Mouchi, *marquis de Montcarvel*, né *seigneur de Montcarvel*, etc.

Roger Duplessis, seigneur de Liancourt, *marquis de Guercheville.* Dans l'article qui le concerne, le nom de *Guercheville* ne s'est pas trouvé.

Charles de Saint-Simon, seigneur Duplessis, depuis *marquis de Saint-Simon*, fils puîné de *Titus, seigneur de Saint-Simon*, mort en 1609.

EN 1642.

Antoine de Villeneuve, *marquis de Trans. La baronnie de Trans* fut érigée en *marquisat* l'an 1505. C'est la première terre en France décorée de ce titre avec enregistrement au parlement. (*Moréri*, t. X, p. 314 et 632.)

EN 1661.

Jacques d'Estampes, maréchal de France, *marquis de La Ferté-Imbault.* Son père, Claude d'Estampes, ne prenait point ce titre de *La Ferté-Imbault.*

François-René du Bec, *marquis de Vardes.* Son bisaïeul, Pierre du Bec, était *seigneur de Vardes*, vers 1580.

Charles-Maximilien de Belle-Forière, *marquis de Soyecourt*, descendait sans doute de Maximilien de Belle-Forière, *seigneur de Soyecourt.*

François-Paul de Clermont, *marquis de Monglat.* Son père, Hardouin de Clermont, avait épousé, en 1598, une fille de Robert, *baron de Montglat.*

François de Simiane, *marquis de Gordes.* (Voyez l'article *Guillaume*, ci-dessus, en 1633.)

Jacques-François, *marquis de Hautefort.* (Ne s'est pas trouvé dans *Moréri.*)

François d'Espinay, *marquis de Saint-Luc.* Son père, Timoléon d'Espinay, ne prend pas ce titre de *Saint-Luc.*

Antoine de Brouilli, *marquis de Piennes.* (Ne s'est point trouvé dans *Moréri.*)

Jean, *marquis de Pompadour*, fils de Léonard-Philibert, *vicomte de Pompadour*, chevalier des ordres en 1633.

Henri de Baylens, *marquis de Poyanne.* (Ne s'est point trouvé dans *Moréri.*)

Jacques Esthuer, comte de La Vauguyon, *marquis de Saint-Mégrin*, fils de Louis de Esthuer de Caussade, *comte de Saint-Mégrin.*

Jean du Bouchet, *marquis de Sourches. La baronnie de Sourches* fut érigée en sa faveur en *marquisat* l'an 1652.

Nicolas-Joachim Ronault, *marquis de Gamaches*, fils de Nicolas Ronault, en faveur de qui la *terre de Gamaches* fut érigée en *marquisat* en 1620.

René-Gaspard de La Croix, *marquis de Castries*, fils de Jean de La Croix, *comte de Castries*, mort en 1632.

DEUXIÈME NOTE,

QUI SE RAPPORTE A LA PAGE 101.

Tous les commentateurs, dit M. Aimé Martin[1], se sont
étonnés de la hardiesse de Molière. Sa remarque s'applique à cette phrase de l'auteur, dans la scène 1re de
l'*Impromptu de Versailles* : « Comme dans les comédies
» anciennes on voit toujours un valet bouffon qui fait rire
» les auditeurs, de même dans toutes nos pièces de main-
» tenant *il faut toujours un marquis ridicule qui divertisse*
» *la compagnie.* » « Aucun, continue M. Aimé Martin, n'a
» deviné le but de ces attaques. En effet Louis XIV, lais-
» sant tourner *la noblesse en ridicule*, offre un spectacle
» singulier, et qui semble en contradiction avec la fierté
» de son caractère ; mais la contradiction n'est qu'appa-
» rente, *et nous retrouvons ici la grande idée politique* qui
» inspira toutes les actions de son règne. Témoin des
» troubles de la Fronde, *victime des excès des grands*, il
» sentit de bonne heure la nécessité de les *soumettre*, et
» il le fit. Cependant l'ancien souvenir de leur puissance
» vivait encore parmi le peuple ; et peut-être, *comme*
» *sous la régence de Médicis, ils auraient trouvé des se-*
» *cours dans les provinces contre le roi lui-même.* Louis XIV
» voulut leur ôter cette dernière ressource, et Molière
» servit ses projets en égayant le peuple aux dépens de
» ceux mêmes que jusqu'alors il avait craints et hono-
» rés. On sait que plusieurs fois Louis désigna à Molière
» les caractères *qui pouvaient le plus frapper la multitude.*
» C'est ainsi que les grands perdirent peu à peu leur in-
» fluence, c'est-à-dire qu'ils partagèrent les plaisirs de la
» cour, et cessèrent de la menacer. Sans doute cette po-

» litique *fut poussée trop loin;* car le roi diminuait sa puis-
» sance en affaiblissant trop celle de la noblesse. Mais ce
» n'est point ici le lieu d'examiner cette grave question ;
» il me suffit d'avoir essayé d'expliquer les raisons qui
» portèrent Louis à protéger les attaques que Molière re-
» nouvela, *toujours* avec succès, dans *le Misanthrope, le*
» *Bourgeois gentilhomme, Georges Dandin,* etc. »

Je crains bien que M. Aimé Martin n'ait voulu expliquer
par un système tout entier d'imagination, une assertion
tout-à-fait imaginaire elle-même. Je suis obligé d'attaquer
et le système et la supposition sur laquelle il se fonde, parcequ'il en résulterait que Louis XIV, au lieu de faire servir à son despotisme l'organisation de sa maison et de sa
cour, comme je le crois, aurait interrompu le système
établi par François Ier, qui voulut faire servir l'organisation de la cour au gouvernement de la nation.

C'est d'abord une supposition dénuée de tout fonde-
ment, et de plus démentie par la scène même à laquelle
s'applique la note du commentateur, que Molière ait
tourné la noblesse en ridicule, et par conséquent que le
roi *l'ait laissé faire,* et qu'il ait protégé les attaques
sans cesse renouvelées contre elle par le poète. Il n'a attaqué que les marquis ; les marquis seuls ont été pour
lui des objets de dérision et de mépris habituels, et les
marquis n'étaient pas toute la noblesse, et tous n'étaient
pas même nobles. Molière n'a pas écrit une ligne qui
tournât en dérision ni la noblesse en général, ni les gens
de qualité, ni les ducs, ni les comtes, ni les barons,
ni les gentilhommes. S'il a attaqué quelques vices particuliers des gens de cour, ç'a été comme ceux des autres
classes de la société, au lieu qu'il a vilipendé les marquis
en général, comme marquis, comme affublés de ridicules

inhérents à la qualité de marquis. A ses yeux, la vanité et l'impertinence sont des exceptions dans les autres classes; ce sont les attributs inséparables de tous les marquis; c'est leur caractère propre et distinctif, et le poète n'y fait pas d'exception. Comment donc M. Aimé Martin a-t-il pu considérer comme une attaque contre la noblesse en général une phrase où l'auteur parle uniquement des *marquis?* Comment n'a-t-il pas remarqué que Molière lui-même, dans la même scène, quelques lignes plus bas, fait sentir qu'il ne faut pas les confondre avec les gens de qualité, dont ils diffèrent essentiellement? Il dit à Brécourt, qui joue le rôle d'*un homme de qualité* (voyez les *person-nages*): «*Pour vous, vous faites un homme de cour,* comme » dans *la Critique de l'École des femmes* (il y jouait *Do-* « *rante*), c'est-à-dire que vous devez prendre un air posé, » un ton de voix naturel, et gesticuler le moins qu'il vous » sera possible.» Et quand Brécourt se représente(sc. III), il lui reproche de prendre le ton d'un marquis : «Ne » vous ai-je pas dit, observe-t-il, que vous faites un rôle » où l'on doit parler naturellement?» Notez que le rôle de Dorante, que jouait Brécourt dans *la Critique de* l'*École des femmes*, est un rôle de bon ton, de bon goût, de bon sens. Ce n'était donc pas des hommes de qualité ou de la noblesse en général que parlait Molière quand il disait : «Le marquis aujourd'hui est le plaisant » de la comédie, comme le *valet bouffon* dans les comé- » dies anciennes. »

Le Bourgeois gentilhomme est la seule des pièces de Molière où l'on voie un comte jouant un rôle méprisable et s'abaissant à une espèce d'escroquerie; mais le poète ne l'a mis sur la scène que pour faire ressortir la sottise du bourgeois qui veut fréquenter les gens de qua-

lité, et en second lieu l'action de ce comte est dans le
genre de celles qui, à la honte des mœurs du temps,
n'étaient pas déshonorantes, et appartenait à ce qu'on
a depuis appelé des *roueries*: M. Aimé Martin observe lui-
même que c'était là la vie du comte de Grammont, qui
était fort recherché à la cour de Louis XIV et fort aimé
de ce prince. Malgré l'exemple du comte de Grammont,
il n'y avait pas à la cour un chef de grande et illustre
famille qui eût voulu que ses enfants lui ressemblassent,
et pas un individu, quelque corrompu qu'il fût, qui eût
osé se plaindre du poète qui montrait des habitudes aussi
condamnables sous un aspect odieux. Molière n'affron-
tait donc point la cour ni la noblesse par ce rôle, il en
servait la partie saine et la plus nombreuse.

M. Aimé Martin cite *le Misanthrope* comme une des
pièces où la noblesse est montrée sous un jour odieux;
en effet Molière y a mis en scène deux personnages
faisant métier de séduction, de corruption, de su-
bornation. Mais d'abord, dans les mœurs du temps
de Louis XIV, ces habitudes n'étaient rien moins
que déshonorantes; en second lieu, ces deux personnages sont qualifiés de *marquis*. M. Aimé Martin pense
que l'un d'eux représentait le *comte* de Guiche : cela est
probable; mais quand cela serait évident, qu'en conclure, si ce n'est que Molière a attaqué un vice répandu
à la cour, mais qui n'y était pourtant pas général, parcequ'il n'est ni de tous les âges, ni de tous les caractères, ni de toutes les positions; un vice dont le grand
nombre des gens de cour eux-mêmes auraient été bien
aises de la voir purger? En l'attaquant dans un individu,
il n'a donc pas voulu offenser toutes les personnes du
même rang; et il serait toujours remarquable qu'il eût

épargné au comte sa censure, pour la faire peser sur
un marquis. Au reste, le but de la pièce est manifestement de donner une leçon à la vanité des bourgeois
qui ont la prétention de vivre habituellement avec des
grands.

Quand Molière prend ses modèles dans le tiers-état,
personne ne l'accuse d'avoir eu l'intention d'avilir le
tiers-état : pourquoi aurait-il eu davantage celle d'avilir
la noblesse quand il a peint quelque vice de gens de cour
auxquels aucun chef des plus grandes familles n'aurait
été bien aise que ses enfants ressemblassent, et dont ils
étaient les premiers à se féliciter que le théâtre fît justice? Enfin s'il était vrai que Molière eût fait le rôle de
son *marquis Clitandre* pour représenter le comte de
Guiche, parcequ'il était l'amant de sa femme, que Cé-
limène fût sa femme même, et enfin que dans le rôle
d'Alceste il eût voulu exhaler ses propres chagrins, comment chercher dans la politique de Louis XIV, et dans
des vues politiques quelconques, le principe de cette
belle composition? Et toujours il faudrait remarquer
l'attention de charger de ses griefs un *marquis*, au lieu
d'un homme autrement qualifié, et de renvoyer, comme
à leur source, tous les vices à tous les marquis.

M. Aimé Martin cite mal à propos *Georges Dandin*
comme une des pièces où la noblesse est maltraitée.
Cette pièce ne livre au ridicule que l'excessive et extra-
vagante vanité d'un gentilhomme de campagne, dont
l'aïeul, *Bertrand de Sottenville, fut si considéré dans son
temps que d'avoir permission de vendre tout son bien pour le
voyage d'outre-mer*, et la sottise du bourgeois qui épouse
sa fille.

Dans Pourceaugnac, l'auteur a voulu faire ressortir

la vanité du noble de petite ville, privé de toute éducation, qui rougit d'être pris pour un légiste, ne veut pas s'être abaissé jusqu'à faire *son droit*, et assure que quelques mots de chicane, qui lui sont échappés très à propos, *sont des mots qui lui viennent sans qu'il les sache, et présume qu'il les a retenus en lisant des romans.*

Dans l'*Avare*, Molière attaque la vanité de ces *larrons de noblesse*, de ces imposteurs qui *tirent avantage de leur obscurité, et s'habillent insolemment du premier nom illustre qu'ils s'avisent de prendre.*

Dans l'*École des femmes*, il livre au ridicule un bourgeois qui se *débaptise*, quitte le nom d'Arnolphe pour celui de *monsieur de La Souche*, et d'un vieux tronc pourri de sa métairie veut faire dans le monde un nom de seigneurie; ou un certain gros Pierre,

> Qui n'ayant pour tout bien qu'un seul quartier de terre,
> Y fit tout à l'entour faire un fossé bourbeux,
> Et de monsieur de l'Isle en prit le nom pompeux.

Dans M. Jourdain, il berne le bourgeois qui veut être gentilhomme, marier sa fille à un marquis, et si on le fâche, à un duc.

Dans *les Précieuses*, il fait servir le marquis de Mascarille et le vicomte de Jodelet à punir la vanité des bourgeoises qui ne veulent faire société qu'avec des gens de qualité. Il n'y a dans tout cela que des leçons pour la roture vaniteuse et rien contre la noblesse.

Si Molière n'a point attaqué la noblesse, il ne faut pas chercher à expliquer d'où il a tiré l'audace de l'attaquer; on n'a aucune raison de supposer l'autorisation, ni les ordres de Louis XIV, ni de chercher les motifs de cette

autorisation chimérique. Et quand il serait certain que ce
prince a autorisé l'attaque de la noblesse, ce ne pourrait
être par les raisons que M. Aimé Martin a malheureu-
sement rencontrées. Jamais Louis XIV n'a été *victime
des excès des grands;* jamais il n'a eu la plus faible raison
de les craindre; il les a toujours vus très soumis. Le cardinal de Richelieu ne lui avait rien laissé à faire pour les
dompter; les usages et les traditions de la cour de François Ier lui avaient apporté tout ce qui était nécessaire
pour les corrompre. La Fronde ne lui a montré que les
ennemis du cardinal Mazarin. Du moment qu'il a pris en
main le pouvoir, il l'a exercé sans opposition; il a été
le plus absolu de nos rois dès qu'il a voulu régner. Il
a eu la cour la plus splendide, la plus respectueuse;
il a été prodigue pour les grands et pour ses maîtresses; il a été le maître le mieux obéi, le potentat
le plus flatté, le plus courtisé. La grande pensée de
Louis XIV n'a jamais été de dégrader sa noblesse dans
l'opinion, mais de l'employer utilement pour sa gloire
au dehors, et de la faire servir au dedans à l'éclat de sa
cour et à l'ascendant de sa puissance. En un mot, lui seul
a recueilli les fruits de ce système d'opprimer l'État par
la cour, et lui a donné tout son développement. Quant
aux marquis, il suffit de demander si Louis XIV et Molière étaient moins clairvoyants que madame de Sévigné
dans l'opinion publique? l'un avait-il besoin d'une si
grande pensée politique, et l'autre d'une si haute et si
puissante protection pour mépriser ce que conspuait
toute la France?

Je termine cette note par deux observations : la première c'est que Scarron, en 1653, avant les grands éclats
de Molière contre les marquis, les a drapés dans une co-

*médie dédiée à Louis XIV. Il fait dire à Don Japhet :

> La multiplicité des marquis m'importune ;
> Depuis que dans l'État on s'est remarquisé,
> On trouve à chaque pas un marquis supposé.

Ma seconde observation c'est que, sous le règne de Louis XIV, Regnard a été le continuateur de Molière relativement aux marquis. Le *marquis* du Joueur, ce malotru qui se donne pour homme de qualité, et qui est fils d'un huissier du Maine et cousin d'une revendeuse à la toilette, et d'après qui l'expression de *saute marquis* est devenue proverbiale, prouve que trente ans après Molière les marquis étaient, comme de son temps, consacrés à l'amusement public, dévoués à la risée des honnêtes gens.

EXTENSION DU NOUVEAU SYSTÈME DE MAISON ET DE COUR

ÉTABLI SOUS FRANÇOIS Ier;

LES NOBLES MULTIPLIÉS, ET AFFILIÉS A LA COUR COMME DOMESTICITÉ ET COMME SERVICE DE CHEVALERIE.

La gradation des offices de la maison, leur distribution suivant la noblesse des extractions, et la
gradation des titres à la cour, produisirent des
effets importants : le premier fut de créer des pa-
tronages graduels en faveur de toutes les classes de
nobles et de leur donner pour clientelle les classes
respectivement inférieures, ce qui commença le
système d'influences et d'ascendants dont nous au-
rons à parler à la suite; le second fut d'exciter les
ambitions et les vanités dans la noblesse de tous
les degrés. Comme il y avait dans la maison des
places à différentes élévations, chaque noble en
vit quelqu'une à sa portée, et tous crurent pouvoir
aspirer à devenir partie du service d'honneur ou
du service noble. Mais l'ambition des charges d'honneur à la cour ne put pas être une maladie générale,
ce qui le fut réellement ce fut celle du service anoblissant ou de lettres de noblesse qui commencèrent alors à porter l'empreinte de brevets pour un
service de cour.

III.   8

Le changement qu'éprouva la charge de valet de chambre, qui d'office noble devint service roturier, mais anoblissant, l'anoblissement d'un grand nombre d'autres offices dans le service de la chambre, dans celui de la garde-robe, dans celui de la table, firent gagner jusque dans le tiers-état l'ambition d'entrer dans la maison du roi. Les riches bourgeois portèrent leurs regards sur la porte qui leur était ouverte à l'entrée de cette maison du roi, où tant de splendeur était jointe à tant de volupté, où l'imagination et les sens s'enivraient de tant de délices. Quel ravissement de voir dans cette maison, qui rassemblait la plus haute noblesse de France, une source d'anoblissement ! quel charme de sentir qu'on pouvait, en se dégageant de la classe des petits, se trouver au milieu de ce qui existait de plus grand ! L'anoblissement dans cette maison du roi semblait être une émanation directe de la cour la plus magnifique, et le gage d'une sorte d'affiliation. Quel appât pour la vanité du tiers-état ! Mais je ne parle point encore ici de l'effet moral et politique de cette innovation ; je veux seulement remarquer l'extension qu'elle reçut aussitôt qu'elle eut lieu, mais plus encore sous les règnes suivants.

Nous avons dit que le roi en anoblissant son valet de chambre lui avait donné le titre d'*écuyer* : cette formule d'anoblissement n'avait jamais été usitée ; c'était un principe que le titre d'écuyer, comme celui de chevalier, s'acquéraient par la seule voie de l'investiture. Les lettres d'anoblissement jusqu'à François Ier avaient dit : Nous vous anoblissons et vous rendons habile à recevoir le titre d'écuyer. Mais la noblesse ayant rebuté le titre de *valet*, parcequ'il avait été donné à des officiers bourgeois, et que par là il avait cessé d'être synonyme de celui d'écuyer, le roi ne voulut pas que la déchéance de son *valet de chambre* fût une dégradation ; ce fut par cette raison qu'en lui donnant le titre de valet de chambre il lui donna celui d'écuyer, et régla qu'il ferait son service l'épée au côté. Il voulut établir que si les deux titres avaient cessé d'être identiques, ils étaient néanmoins restés très compatibles.

On voit qu'alors François Ier se considérait comme centre et principe de cet ordre primitivement religieux, indépendant par essence, qui se conservait et se reproduisait par lui-même, auquel le roi n'avait le droit d'ajouter un chevalier qu'en sa qualité de chevalier lui-même quand il l'était, et sous les conditions établies pour l'admission dans l'ordre des chevaliers. Il imagina de faire de l'ensemble des nobles existant en France une congrégation de chevalerie, des anoblissements, une affiliation à cette congrégation, et de sa domesticité subalterne ou service du corps, un principe d'anoblissement, un service, non pas précisément de chevalerie, mais du grade d'écuyer dont il fallait être investi pour parvenir à la chevalerie.

Quand le roi eut dit pour anoblir ses valets

de chambre, ses huissiers de la chambre, ses valets de garde-robe et autres : Nous vous faisons écuyers; cette formule passa dans toutes les lettres d'anoblissement : on l'employa dans les lettres données aux vétérans dans les charges anoblissantes. Alors les lettres de noblesse eurent un attrait nouveau. Modelées sur celles d'officiers de la maison du roi, elles semblaient mettre sur la voie de la cour, donner à l'anobli un air d'officier de cour, l'affilier au service de la cour. Le titre étant emprunté du système dont le roi était le centre, ces lettres liaient à la fois non seulement comme engagement de service, mais comme soumission religieuse à l'ordre de la chevalerie. Dans le fond de son âme un bourgeois devenu écuyer se sentait rapproché d'un homme de la cour par la double apparence de domesticité et d'affiliation religieuse; il voyait les portes de la cour entr'ouvertes, au moins à sa curiosité; il croyait s'y entendre appeler, d'un peu loin à la vérité, mais assez distinctement pour être remarqué des gens qui l'environnaient, et l'obliger à se séparer du commun état. Aussi composait-il son ton, son langage, sa contenance, de manière que tout répondît à sa glorieuse vocation; il se croyait même obligé d'être en tout temps et en tout lieu le champion du pouvoir, de prendre en toute occasion fait et cause pour le gouvernement; il avait le pressentiment du privilége exclusif des emplois publics d'une certaine importance. Il semblait déjà voir le moment où tous les écuyers

se réuniraient sous une commune bannière, avec
la plus ancienne noblesse, contre le commun état,
et auraient le bonheur de s'entendre dire que sous
cette bannière *il n'y a ni premier ni dernier* [1].

L'affluence des gens du commun état, pour obtenir des lettres de noblesse, était donc devenue
très considérable. Jusqu'au règne de François Ier il
n'avait été fait que très peu d'anoblissements par
lettres du prince, elles avaient été données pour
de bonnes raisons ou du moins sous des prétextes
honorables : depuis l'anoblissement de tout le service du troisième ordre de la maison du roi, on
voit commencer la multiplicité des lettres de noblesse dont la France a été affligée pendant deux
siècles ; abus poussé jusqu'au dernier scandale
pendant les règnes des fils et petits-fils de François Ier, où ces lettres devinrent hautement l'objet
d'un trafic. Depuis son règne on rencontre à chaque pas dans nos recueils de législation *des édits
portant création de lettres d'anoblissement*, moyen-
nant une finance taxée par la loi. Charles IX, en

---

[1] C'est ce qui est arrivé à Coblentz durant l'émigration.
Quand un Français déserteur de la France se présentait à M. le
comte d'Artois, il lui demandait : Êtes-vous *gentilhomme ?* Les
hobereaux répondaient modestement : Monseigneur, je suis
noble. Le prince répondait obligeamment : Monsieur, dans la
noblesse il n'y a ni premier ni dernier. L'arrivant qui n'avait
pas le bonheur d'être écuyer, à la question du prince, Êtes-
vous gentilhomme ? répondait : Non, monseigneur. Le prince
disait alors : Vous êtes digne de l'être.

1566 et en 1568, Henri III, en 1576 et 1577, firent
des créations de ce genre. La dernière fut malheu-
reuse : les appâts offerts à la vanité furent rebutés
par la vanité même; la cour semblait se jouer d'elle;
sa prodigalité paraissait dérisoire ; elle humiliait des
gens curieux de s'anoblir, par sa manière d'anoblir;
elle désanoblissait la noblesse même. La création de
mille lettres de noblesse à vendre, ne trouva pas de
curieux pour les acheter. Ce qu'on voulait acquérir,
en acquérant la noblesse, c'était une distinction ;
et l'état en mettant les lettres d'anoblissement en
vente n'offrait plus qu'une marchandise dont l'a-
chat ne pouvait distinguer personne que par le
ridicule. Dans l'impuissance de rien tirer de la noblesse mise en vente, on la mit en impôt. On frappa
des lettres de noblesse au balancier monétaire, et
on les distribua comme une monnaie de poids et
de bon aloi. Des gens de finance avaient avancé au
gouvernement le montant de mille lettres; ne pouvant les vendre, il fallut rembourser l'avance; pour
la rembourser il fallut *imposer* les lettres sur des particuliers qu'on jugea en état de les payer. On en fit
un rôle; on y comprit un marchand de bœufs du
pays d'Auge, nommé *Grain d'Orge*, un rustre qui
aimait son métier, qui n'en avait jamais fait et
n'en voulait pas faire d'autre, également incapable
du désœuvrement et des occupations d'un gentilhomme. Il refuse les lettres qu'on lui apporte. On
insiste ; il résiste obstinément. On lui fait des som-
mations dont il se moque ; mais enfin on décerne

contrainte, on saisit ses meubles : alors il fallut bien
se résoudre, et Grain d'Orge fit souche de gentilhomme. La Roque, qui rapporte ce fait dans son
Traité de la Noblesse, dit avoir vu les contraintes
dans les mains de son petit-fils, sieur du Rocher.

Cet échec fit sentir la nécessité de s'arrêter pour
quelque temps ; cependant on a revu bientôt et
à plusieurs reprises mettre sur la *place*, comme
effets de commerce, des lettres de noblesse tout
expédiées, auxquelles il ne manquait que le nom
de l'acheteur pour lequel un blanc était réservé
entre l'éloge tout imprimé de ses services et le
jugement que l'équité royale en avait porté. Ces
lettres avaient lieu à l'occasion d'un *avènement à
la couronne*, d'une *joyeuse entrée*, d'un *sacre*, d'un
baptême, d'un *mariage*, d'une *victoire* ou de quelque autre évènement heureux.

Pendant qu'on créait ainsi des lettres d'anoblissement pour les vendre, on multipliait d'un autre
côté les charges anoblissantes et on les vendait
aussi.

Sur quinze mille familles nobles que l'on comp-
tait en France en 1789, treize mille provien-
nent de ces anoblissements par lettres arbitrairement données ou achetées, ou par charges inutiles
ou onéreuses à l'état ; entre les deux mille autres
familles, treize ou quatorze cents descendent
d'hommes qui ont vieilli honorablement au service
militaire, dans les hautes magistratures, ou que
leur notabilité personnelle, acquise par d'utiles

occupations, ont fait élire à des fonctions munici-
pales ; les six ou sept cents autres sont de noblesse
de date antérieure et plus ou moins ancienne.
Ainsi ce qu'on appelait la noblesse française à l'é-
poque de l'émigration, le grand nombre de ces
nobles qui se sont crus obligés à former sans en
être requis une armée contre la nation, et se sont
fait un honneur d'attirer sur les princes et sur le
roi des défiances contre lesquelles ils espéraient se
rendre nécessaires, c'étaient presque en totalité
ces familles d'écuyers, nées à la suite de l'institution des écuyers valets de chambre et des écuyers
valets de garde-robe de François I er.

Cette observation est confirmée par une autorité
qui semble inconstestable, c'est celle de Chérin.
Voici comment il s'exprimait en 1788 : « Une vérité
» que je puis avancer sans craindre de me tromper,
» c'est que de cette multitude innombrable de per-
» sonnes qui composent l'ordre des privilégiés, *à*
» *peine un vingtième* [1] peut-il prétendre véritable-
» ment à la noblesse immémoriale et d'ancienne
» race [2]. »

Il faut se rappeler ici que François I er, ne pouvant rétablir la chevalerie guerrière qu'il rendait

---

[1] La proportion serait bien plus faible aujourd'hui et depuis
la restauration ; il suffit d'avoir été et de s'être dit attaché à
la cause royale pour se dire noble et pour prendre des titres.

[2] Chérin, généalogiste des ordres du roi. Discours sur la
noblesse, en tête de l'abrégé chronologique des lois concernant le fait de noblesse. Cet ouvrage a été publié en 1788.

ridicule par le romanesque qu'il y mêlait, appela à la chevalerie les légistes, les théologiens, les pédants versés dans l'hébreu et le grec. Nous avons vu qu'en passant par Toulouse il accorda aux docteurs régents de l'université le privilége de *promouvoir à l'ordre de chevalerie* ceux qui auraient accompli un temps d'études requis. Ce qu'il fit à Toulouse il le fit sans doute à Paris, à Montpellier ; on a vu que Sainte-Palaye compte cet abus entre ceux qui firent tomber la chevalerie dans un tel mépris qu'aucun homme de guerre ne voulait la recevoir. Il ne résulta pas moins de cette profusion d'accolades qui déshonora et fit tomber la chevalerie, qu'elle donna à la France une multitude infinie de nobles, et qu'une partie assez nombreuse d'une noblesse, qui aujourd'hui est réputée *ancienne*, tire de là son importance.

C'étaient ces nobles, c'étaient aussi ceux qui se faisaient chevaliers eux-mêmes en portant les armes pour ou contre leur prince et leur patrie, tels que les ligueurs armés contre Henri IV [1], qui faisaient dire au comte d'Entragues, en 1789, que la noblesse héréditaire était le fléau le plus funeste dont le ciel eût affligé les sociétés humaines.

[1] Préambule de l'édit de 1600 concernant les tailles.

AUTRE EXTENSION DU NOUVEAU SYSTÈME DE MAISON ET DE COUR

ÉTABLI SOUS FRANÇOIS Ier.

La noblesse en France n'a jamais formé un corps et n'a jamais été qu'un ordre de personnes isolées qui n'avaient rien d'un corps organisé ; ni registres d'inscription, ni assemblées communes, ni délibérations, ni chefs, ni secrétaires, ni syndics, ni agens, ni archives ; c'était un mélange informe d'homme d'origine fort disparate. Il y avait plus de distance entre l'origine d'un grand nombre d'anoblis des dernières classes et les nobles de race, qu'entre ces nobles et les hautes classes de la bourgeoisie, dont les familles depuis des siècles vivaient noblement [1]. Et combien d'autres dispa-

---

[1] Depuis long-temps les Français n'étaient plus distingués dans les solennités législatives ni dans les lois en *nobles* et *roturiers*. Le mot de *roturiers* désignait les cultivateurs qui *rompaient* la terre, de *rumpere* ; *roture* de *ruptura*. Les lois et ordonnances disaient les *nobles* et les *non-nobles*. Sous le règne de François Ier, il existait une distinction bien reconnue entre différentes classes du tiers-état. Guillaume Budée, secrétaire du roi [*], protégé de François Ier ; Tiraqueau, conseiller au

---

[*] In leg siunorum. §. 1. ff. ad. legem Juliam de adulteriis.

rates ! Henri IV se plaignait dans l'édit des tailles
de la multitude de gens qui s'étaient introduits
dans l'ordre de la noblesse en portant les armes
contre lui : cent autres moyens ont constitué des
familles nobles. Mais ici bornons-nous à observer
que la noblesse n'était qu'un mélange d'hommes
distincts des non-nobles, par des priviléges en
matière d'impôts, de service militaire et de prestations personnelles ou corvées.

Le règne de François Iᵉʳ a amené une importante
modification dans l'existence de la noblesse.

Depuis le règne de François Iᵉʳ cet assemblage
de parties disparates, sans devenir un corps régu-

---

parlement de Paris, dans son Traité *de Nobilitate* * en 1553;
Chassenaux ou Chassanée, premier président au parlement
d'Aix, *in Consuetudines Burgundiæ* **, en 1540, ont marqué
précisément les différences alors établies dans le tiers-état.
« Les uns étaient *honorables*, les autres *vulgaires*, et les der-
» niers réputés *vils et abjects*.

» Les *honorables* étaient ceux dont les vacations s'élevaient
» au-dessus du commun. *L. legitimas.* ff. de *legit tutor.* Et ceux-
» là parvenaient aux premières charges des villes et possédaient
» souvent des dignités personnelles ou réelles.

» Les *vulgaires* exerçaient une profession moins relevée,
» mais sans bassesse; et ceux-là se pourraient rapporter, dit
» Budée, aux six corps principaux des métiers de Paris.

» Les *vils* et les *abjects* étaient les artisans occupés à des
» ouvrages grossiers ou répugnans ***. »

* Ch. 2.
** Rub. 4. §. 3. num. 55.
*** Voyez La Roque, Traité de la Noblesse, p. 232.

lièrement organisé, devint un tout plus compact
par la multiplicité des anoblissemens, et prit, si
on peut le dire, une existence plus homogéne par
l'analogie que le titre d'écuyer donna aux anoblis
avec la domesticité royale, par l'affiliation que ce
titre établit entre eux et la cour, centre et foyer
de chevalerie ; enfin, par la séparation mieux prononcée des nobles d'avec les gens du commun état,
au moyen de priviléges plus considérables attribués aux premiers. François I⁺ ayant fait de tous
les emplois de sa cour le patrimoine de la noblesse
ou un titre pour l'acquérir, ses successeurs se
trouvèrent sur la voie d'étendre ce patrimoine à
tous les emplois honorables de l'Etat, de l'armée
et à toutes les dignités de l'église. Sans devenir un
corps, la noblesse eut seule la prérogative de composer tous les grands corps de l'Etat. Elle n'eut
aucune fonction, mais elle acquit un droit exclusif
à l'exercice de toutes celles qui avaient de l'importance et de la dignité. On vit d'abord des nobles
arriver aux places éminentes, dans l'église, dans
la robe, dans l'armée, sans autre mérite que leur
nom, et obtenir des préférences sur le mérite et
les services les plus signalés. Plus tard la haute
magistrature, la haute administration, le conseil,
les parlemens, les cours des aides, furent peuplés
en grande partie de nobles. Enfin, vers la fin du
siècle passé, une ordonnance royale, sans égard
pour la mémoire des Chevert, des Catinat, des
Fabert, des Vauban, prescrivit que, pour entrer

dans l'armée au grade de sous-lieutenant, l'aspirant
ferait preuve désormais de quatre générations de
noblesse. Ce fut là le signal d'une exclusion générale des places honorables prononcée contre le
tiers-état. Plusieurs cours de justice exigèrent des
acquéreurs d'offices qui se présenteraient pour
entrer dans leur sein, quatre degrés de noblesse,
croyant ne pas pouvoir admettre dans la magistrature d'une cour souveraine des personnes répu-
tées au-dessous d'une sous-lieutenance d'infanterie.
De misérables fainéans, endormis dans les stalles
d'une cathédrale ou d'une collégiale de province,
se réveillant au bruit des acclamations nobiliaires,
firent aussi ériger leurs communautés en cha-
pitres nobles de quatre degrés. Le vertige était
général.

Alors la noblesse, sans être un corps, se trouva
composer tous les corps; elle était un ensemble
d'hommes puissans; elle n'avait pas ses assemblées propres, mais elle était en assemblée permanente dans celles des corps qu'elle composait.
C'était une nation privilégiée, dans la nation dépouillée.

En 1789 le pouvoir royal, étonné de l'irritation
et de la force de l'esprit national à l'occasion des
impôts et des actes arbitraires auxquels les refus
parlementaires exposaient les magistrats énergiques, espéra qu'il pourrait lui opposer avec succès
cette gent nobiliaire, qui depuis deux siècles s'é-
tait si considérablement grossie, et en former un

corps compact de quarante mille individus soli-
daires envers la royauté : on convoqua des états-
généraux ; on convoqua dans les assemblées bailla-
gères tous les nobles, propriétaires ou non ; les
lettres de convocation qualifièrent de gentilhomme
tout individu qui serait *né noble ;* on mit alors en
principe que la noblesse ne reconnaissait ni premier ni dernier.

On n'a pas oublié comment, en 1789, la France
prit et l'outrage de l'exclusif pour les emplois
publics, et la convocation qui appelait le noble,
indépendamment de toute propriété, à former une
chambre des états. Ce fut contre ces privilégiés
qu'éclata la révolution et que furent prononcées
les premières abolitions ; ce fut contre eux que
l'emportement et la fureur populaires se signalè-
rent et que commença cette irruption de vengeance qui, dans son aveuglement, confondit avec
la foule des nobles, des grands dignes de leur
nom, dont le civisme s'était déclaré pour une réforme désirée par la nation [1].

Quand l'insurrection eut déployé la force natio-
tale sur l'ordre de la noblesse, les membres émi-
grèrent. Chez l'étranger, ils contractèrent réellement un esprit de corps dans le malheur commun,
par la soif d'une vengeance commune. C'est avec
cet esprit qu'ils sont rentrés en France, où il ne

---

[1] A leur tête la reconnaissance nationale doit placer le duc
de La Rochefoucauld.

s'est plus trouvé de privilége, et où l'élévation des hommes du commun l'a leur a imposé. Les conséquences ultérieures ne sont pas de mon sujet.

FIN DE LA PREMIÈRE LIVRAISON.

www.ingramcontent.com/pod-product-compliance
Lightning Source LLC
Chambersburg PA
CBHW071953110426
42744CB00030B/1237